하루 한 권 학습만화 20
세계의역사

KB194821

일러두기

이 책은 세계사를 바라보는 다양한 시각 및 국제정치적 감각을 길러주기 위한 목적으로 기획되었다. 원서는 비교 역사학을 토대로 서술되어 특정 국가의 시각에 치우치지 않고 세계 각국의 다양한 역사적 사실에 기반을 두고 있다. 다시 말해 우리 민족의 관점으로 바라본 세계사가 아님을 밝힌다.

다만 역사라는 학문의 특성상 우리나라 학계 및 정서에 맞지 않는 영토분쟁·역사적 논쟁점도 분명히 존재한다. 편집부 역시 이러한 사실을 인지하고, 국내 정서와 다른 부분은 되도록 완곡한 단어로 교정했다. 그러나 오늘날 발생하는 수많은 역사 분쟁을 다양한 시각에서 논의할 수 있도록 필요한 부분은 원서의 내용을 살려 편집했다. 교육 자료로 활용하거나 아동이 혼자 읽는 경우 이와 같은 부분에 지도가 필요할 수 있음을 당부드린다.

하루 한 권 초등 학습만화 20

세계의 역사

도쿄대학 명예 교수 하네다 마사시 감수

냉전 종결 이후의 세계

냉전이 종결되면서 새로운 분쟁이 시작되지만 민주화와
평화를 향한 발걸음도 엿볼 수 있다.

유고슬라비아 연방공화국

6개 공화국으로 구성된 연방국가였으나
냉전 종결 이후 해체

세르비아

**슬로보단
밀로세비치**

대 세르비아주의를
내세워 전쟁을 일
으킴

**요시프 브로즈
티토**

유고슬라비아의 대
통령. 다민족 국가를
통합함

미국

**조지 H.W. 부시
(아버지)**

걸프 전쟁에서 이라
크를 몰아내고 쿠웨
이트를 해방

걸프 전쟁

남아프리카공화국

넬슨 만델라

반아파르트헤이
트 운동의 지도자

PLO

**야세르
아라파트**

평화를 목표로 이
스라엘과 협상하
는 인물

오슬로 협정

이스라엘

이츠하크 라빈

아라파트 의장과
평화 협정을 개
시함

이라크

사담 후세인

이웃나라 쿠웨이트
를 침공하고 걸프 위
기를 일으킴

세계화와 지역 통합

국경을 뛰어넘는 움직임이 활발해지고, 세계의 일체화가
진행된다. 또 각지에서 지역통합의 움직임이 거세진다.

유럽연합(EU)

1993년 출범. 단일통
화인 유로를 도입해
거대한 문화·경제
권으로 성장함

자크 들로르

유럽 집행위원
회의 위원장으
로 EU를 발전
시킨 인물

구소련

체첸

**조하르
두다예프**

러시아에서의
분리독립을 목
표로 한 체첸
의 대통령

체첸 전쟁

러시아

보리스 옐친

체첸의 독립을
인정하지 않고
군사적 개입함

중국

덩샤오핑

강한 태세로
영국과의 홍콩
반환 협상에
참여함

반환 협상

홍콩 반환

영국

마거릿 대처

홍콩 전 역을
중국에 반환하
기로 합의함

주요 사건

1991년
걸프 전쟁 발발

1999년
WTO회의에서
세계화 항의 시위

2001년
9·11테러 사건
발생

2020년
COVID-19의
전 세계적 유행

테러와의 전쟁과 반글로벌리즘

테러가 잇따르는 가운데, 반글로벌리즘과 자국 제일주의의 주장이 힘을 얻는다.

미국

민주당

버락 오바마
최초의 아프리카계 출신 대통령. 이라크 전쟁을 종결짓는 인물

힐러리 클린턴
대통령 선거에 출마하나 트럼프에게 패함

대립

도널드 트럼프
미국 제일주의를 주장하며 대통령에 취임

공화당

조지 W. 부시 (아들)
'테러와의 전쟁'을 내세우고 아프가니스탄을 공격했으며, 이라크 전쟁을 일으킴

알카에다

오사마 빈 라덴이 조직한 이슬람 테러단체. 동시다발 테러사건을 일으킨 주범

9 · 11테러

지지

대립

이란

마흐무드 아흐마디네자드
보수강경파 대통령. 평화적 이용이라고 주장하며 핵개발을 재개해 경제 제재를 받음

북한

김정일
아버지
핵무기와 장거리 미사일을 개발함

김정은
아들
한국 · 미국과 정상회담을 갖는 인물

북 - 미 정상회담

판문점 선언

대한민국

문재인
판문점에서 남북 정상회담을 개최함

일본

고이즈미 준이치로
이라크 전쟁에서 미국을 지지하고 자위대를 파견함

긴장

팔레스타인

이스라엘

아리엘 샤론
팔레스타인에 강경 자세를 취하는 총리

대립

강경 합의

PLO

마흐무드 압바스
온건파 이스라엘과의 평화에 힘써 씀

대립

하마스

이스마일 하니야
강경 전략에 의거하며 대립이 출범함

중국

시진핑
중국의 강국화를 추진하고 무역 문제로 미국과 대립함

아랍의 봄

중동과 북아프리카 국가에서 일어난 민주화 운동. 독재정권이 타도되거나 내전이 벌어짐

리비아

무아마르 알 카다피
독재 후 살해됨

튀니지

제인 엘아비디네 벤 알리
국외 망명

이집트

호스니 무바라크
실각 후 수감

시리아

바샤르 알아사드
내전을 일으킴

독자 여러분께

현대 사회와 세계화

도쿄대학 명예 교수 **하네다 마사시**

20세기 말에 이르러 '세계화'라는 용어가 등장합니다. 세계화란, 인간의 다양한 활동이 국경을 뛰어넘어 하나로 이어지는 것을 의미합니다. 이 시기에 정보기술, 인터넷, 교통수단이 빠르게 발전합니다. 특히, 교통수단의 경우 가격까지 저렴해지면서 물건의 제조와 유통, 금융과 같은 경제활동 분야에서 국가의 경계가 사라지게 됩니다. 사람들의 국가 간 이동이 활발해지면서 해외에 있는 가족이나 친구들과의 온라인 통신도 쉬워졌습니다.

폭력과 테러리즘, 과격한 사상, 전염병, 경제 불황이 쉽게 국경을 뛰어넘어 영향을 주는 시대입니다. 또한, 환경 오염과 지구 온난화는 전 세계가 함께 해결해야 할 시급한 과제로 떠오르고 있습니다. 이번 권에서는 냉전이 끝난 1990년대 이후 세계화가 빠르게 진행되는 모습과 2010년대 중반에 이르러 그 움직임이 반전되는 모습을 그렸습니다. 세계를 무대로 활약하는 일본인 주인공을 통해 함께 느껴보면 좋겠습니다. 유일한 초강대국이 된 미국의 동향과 세계 각지에서 일어나는 전쟁과 분쟁, 자유무역의 발전과 그에 따른 빈부격차, 일본에서 일어난 대지진 등이 이번 권의 중요한 주제입니다.

이 시대를 살아온 여러분의 다양한 경험과 추억을 주인공들과 함께 나눠보십시오. 그리고 앞으로 펼쳐질 미래에 대해서도 상상해 봅시다.

당부의말씀

■ 이 도서의 원서는 일본 문부과학성이 발표한 '2008 개정 학습지도요
령'의 이념, '살아가는 힘'을 기반으로 편집되었습니다. 다만 시대상
을 반영하려는 저자의 의도적 표현을 제외하고, 역사적 토론이 필요
한 표현은 대한민국 국내의 정서를 고려해 완곡하게 수정했습니다.

....

■ 인명 · 지명 · 사건명 등의 명칭은 대한민국 초 · 중 · 고등학교 교과서
를 바탕으로 삼되, 여러 도서 · 학술정보를 참고해 상대적으로 친숙
한 표현으로 표기했습니다.

....

■ 대체로 사실로 인정되는 역사를 기반으로 구성했습니다. 다만 정확
한 기록이 남아있지 않은 등장인물의 경우, 만화라는 장르를 고려해 쉽고
재미있게 읽을 수 있도록 대화 · 배경 · 의복 등을 임의로 각색했습니
다. 또 역사의 흐름을 이해하는 데 도움이 되도록 만화에 가상인물을
등장시켰습니다. 이러한 가상인물에는 별도로 각주를 달아 표기했습
니다.

....

■ 연도는 시기로 표기했습니다. 사건의 발생 연도나 인물의 생몰년이
불분명한 경우에는 일반적으로 통용되는 시점을 채택했습니다. 또 인
물의 나이는 일시 통용되는 시점을 기준으로 만 나이로 기재했습니다.

....

■ 인물의 나이는 맞춤법에 어긋나더라도 '××대' 이하 1세 자릿 이름이
같은 교육의 공식 표기와 행간의 시점도록 ×× 세 ×살로 표기했습니
다. 예컨대 '×살 초, 40세', '20살, 40살'로 표기했습니다.

시대의 흐름을 파악하자! 그림으로 보는 역사 내비게이션

2010년대의 세계

하녀다 마사시 교수님

세계 금융 위기, 정보의 증가, 환경 문제, 국제 테러리즘 등 각종 문제점을 안고 세계화가 진행되는 시기입니다. 미국을 중심으로 돌아가던 세계에 다극화 현상이 일어납니다.

북한의 김정은 체제
(2011년)

김정일 총비서가 사망하고 아들 김정은이
북한의 실권을 잡음

미국에서 서브프라임 모기지 사태가 발생(2007년)

B

상환 신뢰도가 낮은 서브프라임 고객에 대한 주택담
보대출 상품이 출시되었으나 불량 채권화가 진행됨

동일본대지진 발생
(2011년)

동북 지방의 태평양 앞바다에서 리히터
규모 9.0의 대지진이 발생

아이폰의 탄생
(2007년)

D

2007년 애플사의 최초 스마트폰. 1세대 iP-
hone이 발매됨

② 리먼 브라더스 사태 이후 G20 정상회의
가 열리게 되었어요. 세계 경제가 긴밀
하게 연결되어 있기 때문이죠.

① 중국과 인도의 진출, 러시아의 복권 등
으로 미국 중심의 국제 질서가 바뀌었
네요.

④ 그리고 몇 년이 지나자 지나친 세계화
에 맞서 자국의 이익을 지키려는 움직
임이 두드러지게 됩니다.

③ 스마트폰과 SNS의 보급으로 사람들의
일상이 크게 변한 것도 이 시기죠?

유럽 국가 부채 위기(2010년) C

그리스의 채무 위기를 발단으로 단일통화 유로를
취급하는 유럽 전체가 경제위기에 빠짐

**베이징 올림픽 개최
(2008년)** A

2008년 여름, 중국 최초의 올림픽이
베이징에서 개최됨

**아랍의 봄
(2010년)** D

2010년부터 이집트 등지에서 대규모 민주
화 운동이 일어남

**미얀마의 민주화 지도자,
'아웅산 수치'의 가택 연금 해제(2010년)**

군사 정권에 의해 1989년부터 가택 연금 상태였으나, 풀려난 후
2012년 국회 의원 선거에 입후보해 당선됨

◀ 다음 페이지에서 자세한 설명을 확인하세요

중국 경제가 크게 발전했고, GDP에서 일본을 제치고 미국 다음의 경제 대국이 되었다. 특히 개인용 컴퓨터 등 하드웨어 생산과 온라인 거래 등 정보 관련 산업의 성장은 눈부셨다.

리먼 브라더스 사태 발생

서브프라임 모기지 사태로 큰 손실을 떠안은 대형 증권사 리먼 브러더스가 2008년에 도산하면서 연쇄적으로 세계 금융위기가 일어났다. 리먼 브러더스의 부채는 미국 기업의 사상 최대였다.

C

G20 정상회의 개최

리먼 브라더스 사태의 대책을 마련하고자 2008년 11월 제 1 회 G20 정상회의(금융 · 세계 경제에 관한 정상회의)를 개최했다. 그 후도 세계 경제의 위기에 대응하는 장으로서 2011년 프랑스 칸에서 열린 G20 정상회의에서는 유럽 재정 위기가 주된 의제가 되었다.

스마트폰의 보급으로 빨라진 정보화 시대

D

중동 · 북아프리카의 국가에서 일어난 '아랍의 봄'이라는 민주화 운동에서는 스마트폰을 활용한 정보 교환이 큰 영향을 했다. 특히 SNS로 항의 활동에 대한 참여 호소가 큰 역할을 했다.

20 파노라마 연표(1990년~2020년)

아프리카, 서·남·동남아시아	중국·한반도		일본	
	중국	대한민국·북한		쇼와시대
제1차 인티파다(1987년~1993년)			○미일 무역 마찰 격화	
이라크의 쿠웨이트 침공(1990년) 남아프리카공화국에서 인종분리정책(아파르트헤이트) 폐지(1991년) **중동 평화 회담(1991년)** 팔레스타인 임시 자치 협정, 오슬로 협정 체결(1993년) 남아프리카 공화국에서 **넬슨 만델라** 정권 성립(1994년) 👤 넬슨 만델라(1994년~1999년)		대한민국과 북한이 UN에 가입 (1991년) 북한 **김일성** 사망(1994년)	거품경제 붕괴(1991년) 캄보디아 평화유지활동, PKO에 참가(1992년) 55년 체제 종료 비자민의 연립 정권 탄생(1993년)	
설립(1995년)				
인도·파키스탄 핵실험(1998년) 동티모르가 인도네시아에서 분리 (1999년 / 2002년 독립)	**덩샤오핑** 사망(1997년) 홍콩 반환(1997년) 마카오 반환(1999년)		한신·아와지 대지진(1995년) 도쿄 지하철 사린 사건(1995년) 교토의정서 채택(1997년)	헤이세이시대
제2차 인티파다(2000년~2005년) 다국적군의 아프가니스탄 공격(2001년) 탈레반 정권 붕괴(2001년) 미국과 영국이 이라크를 공격(2003년, 이라크 전쟁)	WTO 가입(2001년)	남북 정상회담 (2000년)	첫 북일 정상회담(2002년) 일본 자위대 이라크 파견(2003년)	
팔레스타인 평의회 선거에서 하마스가 승리(2006년) 네팔 왕정 폐지(2008년)		북한 핵 실험 (2006년)	민주당 소속 **하토야마 유키오**가 내각총리대신에 취임(2009년)	
튀니지 혁명에서 '아랍의 봄'으로(2010년) 튀니지에서 **벤 알리** 정권 붕괴(2011년) 이집트에서 **무바라크** 정권 붕괴(2011년) 리비아서 **카다피** 정권 붕괴(2011년) 시리아 내전 발발(2011년)	GDP가 2단계 성장해 세계 제2위가 됨(2010년) 👤 시진핑(2012년~현재)	**김정은**이 조선로동당 제1비서로 추대(2012년)	동일본대지진 후쿠시마 제1원자력 발전소 사고(2011년) **아베 신조**, 두 번째 내각총리대신 취임(2012년~2020년)	
이란 핵 합의(2015년) 미얀마에서 로힝야족 난민 급증(2017년)		남북 정상회담, 북미 정상회담 개최(2018년)	집단적 자위권 행사 용인(2015년) '레이와'로 연호가 바뀜(2019년)	
감염증-19 확대(2020년)				레이와
	홍콩에서 국가보안법이 시행됨(2020년)			

12

연대	남 · 북아메리카, 서유럽					소련 · 러시아, 동유럽	
1985년	미국 · 라틴아메리카	프랑스	영국	서독	동독	동유럽	소비에트 연방
	미국 · 소련 정상이 몰타 회담에서 냉전 종결을 선언(1989년)						
1990년	걸프 전쟁(1991년)			**독일** 동 · 서독 통일 (1990년)		유고슬라비아 전쟁 발발 (1991년~1995년)	소련 해체 및 독립국가연합(CIS) 설립(1991년) **러시아 연방** 러시아 연방 성립(1991년)
	👤 빌 클린턴 (1993년~2001년) 북미자유무역 협정 (NAFTA)성립(1994년)	**마스트리흐트 조약(1992년)** 유럽연합 EU 설립(1993년)					👤 보리스 옐친 (1991년~1999년) 제1차 체첸 전쟁 (1994년~1996년)
1995년							세계무역기구(WTO)
		EU, 단일 통화 유로 도입 (1999년 도입, 2002년 유통 개시)				NATO군의 유고슬라비아 공습(1999년)	
2000년	9 · 11테러(2001년) 👤 조지 W. 부시 (2001년~2009년) 이라크 전쟁(2003년)	EU 가입국 25개국으로 확대(2004년)				우크라이나 오렌지 혁명 (2004년)	👤 블라디미르 푸틴 (2000년~2008년)
2005년	리먼 사태로 인한 금융 위기(2008년) 👤 버락 오바마 (2009년~2017년)	👤 니콜라 사르코지 (2007년~2012년) **리스본 조약(2009년)**		👤 앙겔라 메르켈 (2005년~2021년)		루마니아와 불가리아가 EU에 가입(2007년) 그리스, 국가 부도 위기(2009년)	👤 드미트리 메드베데프 (2008년~2012년)
2010년	이라크 전쟁 종결, 미군 철수(2011년)						푸틴 대통령 재선(2012년) 러시아의 크림반도 합병(2014년)
2015년	👤 도널드 트럼프 (2017년~2021년) 미중 무역마찰(2018년)	샤를리 에브도 테러 사건(2015년) 👤 에마뉘엘 마크롱 (2017년~현재)	국민 투표로 EU 탈퇴가 결정됨(2016년) 👤 보리스 존슨 (2019년~2022년)	시리아 난민 수용(2015년)			
2020년	Black Lives Matter 운동 확산(2020년) 조 바이든 대통령 취임(2021년)					코로나 바이러스	

현대 사회와 세계화

(1990년 ~ 2020년)

목 차

〈자켓 및 표지〉 곤도 가쓰야 (스튜디오 지브리)

하루
한 권
학습만화

세
계
의
역
사

20

글로벌한 관점으로 세계를 이해하자!

세계사 대백과사전 |
하네다 마사시 교수

일본의 n 서를 감수한 도 교대학의 명예 교수. 세계 적인 역사학자로 유명함.

《일러스트》 무에지 뉴후

어… 뭐 그렇게 특별한 건 아니네요 …?

여러분의 삶도 그 속에 있답니다.

세계화란 물건, 돈, 정보가 국경을 넘어 하나로 연결되고, 전 세계가 함께 움직이는 것을 말해요.

좋은 질문 이네요.

국경 뛰어넘어 하나로 이어

흠… 실감나지 않나보네요.

에엥?!

※ 1912년부터 1926년까지 사용한 일본의 연호.

여보세요. 다이쇼 시대* 맞나요? 레이와 시대에 사는 하네다입니다.

지금 이쪽으로 와주실 수 있나요?

우아아아!

사… 사람이 나왔어 으아!

엥?!

※1 일본 옛 교육기관의 하나. 지금의 초등학교에 해당함

※2 기모노 위에 입는 일본 전통 의복으로, 허리부터 발목까지 덮는, 띠가 있는 옷

아 이건 만든 게 아니라…

하지만 그 옷도 예뻐. 난 못 만들어.

귀엽다…

가정 수업에서 단추를 다는 건 배웠는데… 기모노에 하카마라니. 부러워.

패스트 패션

그렇다면, 여러분 패스트패션※3 이라는 말을 들어봤나요?

그렇죠. 현대에서는 만들어진 옷을 사 입어요.

※3 패션을 패스트푸드에 빗댄 말로, 최신 유행을 반영해 싸고 빠르게 공급하는 옷을 의미함

실제로 옷을 만드는 곳은 동남아시아와 동유럽 국가가 대부분이에요. 이것도 세계화의 한 단면이라고 할 수 있죠.

패스트패션은 유럽과 미국, 중국, 일본 등지에서 흔히 판매되고 있지만

메이드 인 베트남

알아요! 내가 오늘 입은 옷도 그런 옷일지 몰라.

19

그리고 집 밭 채소로 만든 나물절임을 먹었어요.

어제 저녁은 보리밥과 된장국, 근처 생선 가게에서 산 건어물

음~

어제 저녁 메뉴는 무엇이 었나요?

와~ 양식! 먹어보고 싶다.

스마트폰은 가방에 넣으세요

짠

아, 저요!

저는 돈가스 카레 먹었어요!

앗 스마트폰

이것 또한 음식의 세계화라고 할 수 있겠지요.

그러나 현대에는 원재료부터 가공식품까지 해외에서 수입된 식품이 식탁에 많이 올라오게 되었습니다.

지역에서 채취한 것을 지역에서 먹는 '지역 소비'가 보통이었죠.

다이쇼 시대, 도시 지역에서는 양식도 먹을 수 있었지만 대다수의 지방에서는 쌀, 된장, 채소, 생선이 주식이었고

20

부끄
부끄

그 정도야?

와아

부러워!

이 시대에는 여러 나라의 음식을 먹을 수 있구나.

헤
벌
쭉

확실히 현대의 음식은 다양합니다.

하지만 지역의 신선한 음식을 먹던 다이쇼 시대의 식사도 물론 맛있었겠죠?

띠링 띠링

인류의 긴 역사 속에서는 최근의 일이며 이것으로…

여러분! 세계화의 물결은

엄마가 '브렉시트' 때문에 중국으로 전근 간대요!

브렉시트인데 왜 중국으로 가요? 그건 그렇고 선전이 어디예요?

어머, 이 소리는 엄마다. 급한 일인가?

선생님, 확인해 봐도 될까요?

좋아요.

무슨 일이에요?

저녁에 스튜 먹고 싶어!

있어 끝나면 바로 갈게.

엄마, 브렉시트 영향으로 봄부터 중국 선전으로 전근가게 되었어.

뭐?

…라고 하는데!

들어보니… '런던 지점에서 EU와의 수출입이 어려워졌기 때문에 철수하고, 그 대신에 중국 지점을 늘릴 거라고 하더구나'

띠링 띠링 ♪

아아, 선전은 세계에서 손꼽히는 최첨단 산업 도시입니다.

상하이

대만

선전 시

홍콩

으앙

?

베를린
장벽에
사람들이
모여
있습니다!

제 1 장 냉전 종결 이후의 세계

1989년
11월 10일
일본
미야기현
센다이시
사토 집 안

국경이
열리기
직전입니다!

이런
두근
거림은
처음
이었다.

1989년은…

1989년
11월 9일
베를린 장벽이
무너졌으며,
같은 해 12월
몰타 회담에서는

1945년
전쟁 이후에
생겨난 체제가
크게 변화하기
시작한 해였다.

미하일 고르바초프
소련공산당 서기장

미국과
당시
소련 사이의
오랜 냉전이
종결되었다.

조지 H. W. 부시(아버지)
미국 대통령

세계는
새로운
시대를 향해
나아갔다.

맥도날드에 오신 것을 환영합니다!

시끌

왁자

지껄

미국 시장 자본주의의 상징인 '맥도날드'가 모스크바에 문을 열었다.

몰타 회담 2개월 뒤 1990년 1월 31일

난 피로시키*가 더 맛있어.

※ 밀가루 반죽에 고기, 야채, 잼을 싸서 튀긴 러시아 요리

점원이 웃는 얼굴로 맞이해줘서 깜짝 놀랐어.

우물 우물

맛있어!

1990년, 소련은 복수정당제와 대통령제를 도입했다.

그래?

축하 드립니다!

고마워.

초대 대통령으로는 '미하일 고르바초프'가 선출되었다.

이제부터 시작이다. 시대를 바꾸자.

미하일 고르바초프
소련 초대 대통령

나는 센다이 시에서 내가 원하는 대학교에 합격할 수 있었다.

고르바 초프가 세상을 바꾸려고 노력할 때

한편 1990년 3월 센다이 시

다음은 다카하시 교수님의 근현대사 수업인가!

딩 댕 동 동

다 다 다

2학기 수업이 시작 되고.

눈 깜짝할 사이에 반년이 지나

4월에는 당당히 대학교에 입학했다.

슬며시

지각 이다 ....

미얀마 정세 불안

89년 군사 정권

미국 재정 적자

2학기부터 현대사 단원으로 들어가는데 ... 다들 현대사는 좋아 하는가?

6 90

싫으냐. 뭐 대부분 싫어하긴 하지.

하지만 아직 젊은 자네들한테도 지금까지 영향을 주는 사건이 있겠지.

역사의 목격자….

너희들은 역사의 목격자이기도 하니까.

그게 차곡차곡 쌓여서 역사가 되는 거란다.

1990년 10월 동독이 서독에 편입되면서 동·서독은 41년 만에 하나가 되었다.

예를 들면 사진 베를린 장벽 붕괴도 그렇고

지금 상황이 가장 안 좋은 곳이 어디인지 알고 있나?

소련의 개혁으로 동서 냉전은 종결되었다.

미얀마 정세 불안
89년 군사 정권 수립
재정 적자
80년대

하지만 안타깝게도 세계는 평화로워지지 않았다.

… 거기 자네.

?!

8월 2일 이라크의 침공으로 시작된 걸프 전쟁이지.

그렇지.

두두
두두두

벌떡

어 그게…

이라크의 쿠웨이트 침공 아닐까요?

32

두두 두두

척

역사를 보면 쿠웨이트는 원래 우리 나라의 일부다!

사담 후세인
이라크 대통령

쿠웨이트의 풍부한 석유 자원이 절실해!

미국이 소련과 동유럽에 대항하느라 바쁜 지금이 기회다.

작전은 성공입니다. 수도를 점령했습니다!

걸프 위기가 발생했다.

'사담 후세인' 대통령이 이끄는 이라크 공화국의 수비대가 이웃나라 쿠웨이트를 침공했다.

유엔군
이라고
해도
중심은
미국이다.

실질적으로
미국과
이라크의
전쟁이
될 거야.

유엔군이
무력 행사를
할 가능성이
높다.

하지만
철수
권고를
무시한다면

세계는
엄청난
기세로
움직이고
있구나…

앞으로의
정세에
눈을 뗄 수가
없어서
밤에도
잘 수 없어.

그
변화를
좀 더
느끼고
싶어.

지금
나는 바로
그 안에
있다.

해외로
나가면
어떨까?

1990년 10월

동·서 냉전을 종결시킨 공로가 인정돼

고르바초프 대통령이 노벨 평화상을 받았습니다.

그래.

유학을 가는 거야.

내 눈으로 직접 보고 싶어.

앞으로의 새로운 세상···. 그게 꼭 좋은 것만은 아닐 지라도

다국적군은
순항 미사일을
비롯한
신형 무기로
이라크군을
공습했고

2월
24일에는
지상전에
돌입했다.

신형 무기는
이라크 군사시설을
철저히 파괴했으며,
공습으로 인한
이라크 시민들의
희생도 적지 않았다.

히이
이익!

2월 27일
쿠웨이트
시티

다국적군의
압도적인
군사력으로
전투 개시 후
43일 만에
쿠웨이트는
해방을 맞았고

걸프
전쟁은
종결
되었다.

이라크가 쿠웨이트를 왜 침공했을까?

석유 때문인가요?

나는 1992년, 대학교 3학년이 되던 해에 현대사 전공을 선택했다.

이란과의 전쟁 후 빚을 진 이라크가 쿠웨이트의 석유 자원에 눈독을 들인 게 분명해.

비슷해.

이슬람 원리주의가 확산되면 미국을 비롯한 많은 나라들이 석유 권익을 잃게 되거든.

미국과 유럽 세계에 1979년의 이란 혁명※은 충격과 공포 그 자체였어.

그렇다고 다른 나라를 침공하다니… 억지가 통할 것으로 생각했겠죠?

※ 시아파 종교 지도자 호메이니가 이끄는 이슬람 원리주의 세력이 팔레비 왕조를 무너뜨리고 이슬람교 국가를 탄생시킨 혁명

39

40

살 곳을 잃은 팔레스타인 난민은 팔레스타인 해방 기구(PLO)를 결성해 이스라엘에 대항했다.

요르단 강 서안 지구

가자 지구

이스라엘

■ 팔레스타인 자치구※

※ 팔레스타인인의 자치가 이루어지는 지역

제2차 세계대전 이후 팔레스타인 땅에 나라를 세운 이스라엘은 점령지를 넓혀갔다.

집으로 돌아오는 길에 이런 일이…

일이 없으니까 이스라엘까지 가서 쓰레기 청소 등 일용직으로 일하고

1987년 가자 지구에서 이스라엘군의 트럭이 팔레스타인 노동자의 차를 덮치면서 사상사가 발생했다.

꾸악

이제 못 참겠어….

이 사건을 계기로

팔레스타인 사람들의 분노가 폭발했다.

41

인티파다는
점령지 전체에
퍼져나갔다.
무장한 이스라엘
병사들에게
돌멩이로 맞서는
팔레스타인
사람들의 모습에

이러한
저항운동을
'인티파다'
라고 부른다.

툭

탕

쾅

※ 봉기를 뜻하는 아랍어.
여기서의 인티파다는
제1차 인티파다를
의미함.

중동 평화를
바라는
국제 여론이
높아졌다.
이에 PLO의
'야세르 아라파트'
의장은

지금이라면
이스라엘과의
평화를
꿈꿔봐도
되지
않겠는가.

물론,
우리도
양보해야
한다.

야세르 아라파트
PLO 의장

지금은
공존의 길을
모색할 때!

그동안
인정하지
않았던
이스라엘의
존재를
승인하고

공존을
향해
움직이기
시작했다.

그러나
이 상황에
걸프 전쟁이
일어난다.

42

쿠웨이트 침공으로 국제적인 비난을 받은 뒤 고립된 후세인은

팔레스타인 문제를 끌어들였다.

이라크도 쿠웨이트에서 철수한다!

이스라엘이 팔레스타인에서 철수하면

이 발언 이후 PLO가 이라크 쪽으로 돌아서자 쿠웨이트를 지지하는 산유국들은 반발했다.

PLO에 실망했어.

이라크의 방식을 인정하다니.

......

PLO는 지금 원조를 받지 못하고 고립되었다.

한편 인티파다 탄압으로 국제적인 비난을 받던 이스라엘도 평화를 향해 움직이기 시작했다.

걸프 전쟁의 승리로 중동 정세를 주도하게 된 미국이 기틀을 마련했고,

1991년 10월 스페인 마드리드에서 '중동 평화 회담'이 열렸다.

팔레스타인의 대표는 다른 사람을!

PLO는 테러 조직이다. 협상 상대로 인정할 수 없다!

그러나 이스라엘은 PLO의 참가를 거부했다.

그 결과, 정작 중요한 사항을 결정하지 못했다.

마드리드 중동 평화 회담은 구체적인 성과 없이 끝났고,

이스라엘과 PLO의 협상 없이 평화를 이뤄낼 수 없다는 사실이 명백해졌다.

고르바초프 대통령이 은퇴했을 무렵

같은 해 12월 소련이 해체되고

오! 미국으로 유학을 가는 구나!!

합격 했어요!

... 다카하시 교수님!

시애틀의 대학 생활에도 익숙해 졌어.

아빠, 엄마, 다이스케 오랜만이야! 나 도모코야.

1992년 11월 3일 미국 시애틀

'빌 클린턴'! 46살의 젊은 대통령이 탄생 했습니다!

여러 나라에서 온 친구들과 수업을 듣고 있어. 따라가는 게 쉽진 않지만

자극도 되고 재밌어!

1994년에는 EU 대항책으로 '북미자유무역 협정'(NAFTA)을 발효시키고, 캐나다, 멕시코와 자유무역권을 형성했다.

1993년에 대통령이 된 클린턴의 경제 정책은 성공적이었다.
이에 따라 미국 경제는 1990년대 중반부터 호황을 맞았다.

부시 행정부 시절의 재정 적자를 어떻게 회복할지….

경제 회복이 클린턴 정부의 첫 번째 과제가 될 것입니다.

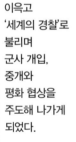

이윽고 '세계의 경찰'로 불리며 군사 개입, 중개와 평화 협상을 주도해 나가게 되었다.

소련이 해체된 후 미국은 '유일한' 초강대국이 되어

팔레스타인 문제는 1993년에 큰 변환점을 맞이한다.

1992년에 이스라엘 총리가 된 '라빈'은 평화를 지향했다.

팔레스타인 측과 은밀히 협상을 재개하자.

이츠하크 라빈
이스라엘 총리

인티파다는 식을 줄 모르고….

무력으로 사람들의 의지를 억누르는 것은 불가능해.

국제 사회에서 고립되고 자금도 끊겼어!

이 상황을 빨리 해결해야 돼.

PLO 측도 평화를 바랐다.

야세르 아라파트
PLO 의장

총리 관저
이스라엘

분쟁 해결에 공헌하는 것은 멀리 내다보면 우리 나라의 안전 보장으로 이어진다.

이때 이스라엘과 PLO의 중개에 나선 나라가 노르웨이였다.

강대국이 아닌 우리나라가 해야 한다.

우리는 양측 모두와 연결 고리가 있다.

노르웨이가 이스라엘과 PLO의 협상에 참여한 것은

양측과 좋은 관계를 유지해왔기 때문이었다.

미국

PLO

노르웨이

이스라엘

노르웨이는 열 번이 넘는 협상에 걸쳐 중동 평화를 주도했고 미국의 합의도 이끌어냈다.

1993년 1월부터 노르웨이 오슬로 근교에서

미국 백악관에서 클린턴 대통령의 중개로

이스라엘과 PLO 사이, 평화를 향한 비밀 협상이 시작됐다.

이로써 '오슬로 협정'이 맺어졌다.

이스라엘의 라빈 총리와 PLO의 아라파트 의장이 '임시 자치 정부 원칙에 관한 선언'에 서명했다.

1993년 9월 13일

중동의 평화를 향한 첫 발걸음에 보탬이 될 수 있어 좋았습니다.

요한 요르겐 홀스트
노르웨이 외무장관

우리 역시 이스라엘이 국가임을 인정하며, 더 이상의 테러와 폭력행위는 없을 것이오.

야세르 아라파트
PLO 의장

우리는 PLO를 팔레스타인의 공식 조직으로 인정하겠소.

이츠하크 라빈
이스라엘 총리

그 후,
팔레스타인
임시 자치구의
기틀이
마련되어

두 나라의
공존을 위한
역사적인
협정이었고,
이스라엘과
PLO는
평화에
합의했다.

!!

하지만

1994년,
팔레스타인
자치 정부가
수립되었다.

그후,
오슬로 협정에
반대했던
'네타냐후'가
차기 이스라엘의
총리가 되면서
평화의 불씨가
사그라들었다.

평화에 힘쓰던
이스라엘의
라빈 총리는
1995년 11월,
유대계
극우파 청년에게
암살되어
세상을 떠난다.

타앙
타아아앙

베냐민 네타냐후
이스라엘총리

유럽 동남부 발칸반도에 있는 유고슬라비아※는 동·서 냉전 종결 이후 극심한 혼란을 겪었다.

오스트리아
헝가리
루마니아
유고슬라비아
이탈리아
불가리아
알바니아
그리스
※ 유고 연방

한편 냉전 체제가 끝나면서 새로 시작된 분쟁도 있었다.

또

'요시프 브로즈 티토' 대통령은 장기간 집권 하면서

민족, 종교, 언어가 제각각인 공화국 사이의 균형을 잡았다.

각

슬로베니아
크로아티아
보스니아 헤르체고비나
세르비아
몬테네그로
마케도니아

유고 슬라비아 사회주의 연방 공화국은

여섯 개의 공화국으로 이루어져 있었으며 소련과는 거리를 둔 독자적인 사회주의 노선을 취했다.

세 개의 종교, 두 개의 문자를 가진 하나의 국가다.

유고슬라비아는 일곱 개의 국경, 여섯 개의 공화국, 다섯 개의 민족, 네 개의 언어

요시프 브로즈 티토
대통령

51

카리스마 넘치던 티토를 잃은 유고슬라비아는 서서히 혼란스러워졌다.

민을 수 없어….

그러나 티토는 1980년에 사망한다.

각 공화국은 '민족 자결'※을 내세워 유고슬라비아 연방 탈퇴를 요구하기 시작했다.

동유럽에서 사회주의 정권이 잇따라 무너지고 동서 냉전이 종결되자

※ 각 민족은 정치적인 운명을 스스로 결정할 권리가 있다는 주장

크로아티아와 같은 다른 민족들에게 권리와 부를 빼앗기고 있다!

우리 세르비아인은

유고슬라비아에서 가장 큰 세력을 가진 건 세르비아인이었다.

1990년, 세르비아의 민족주의자인 '밀로셰비치'가 세르비아 공화국의 대통령이 됐다.

슬로보단 밀로셰비치
세르비아 공화국 대통령

슬로베니아 10일 전쟁
(1991)
슬로베니아군과 연방군 충돌,
협정 이후 연방군 철수

크로아티아 전쟁
(1991~1995)
국내의 세르비아인 세력과
크로아티아 정부군이 충돌

이것을 계기로
유고슬라비아
연방에서
독립하려는
공화국들의
민족 전쟁,
'유고슬라비아
전쟁'이
시작되었다.

보스니아 내전
(1992~1995)
무슬림※1, 크로아티아인,
세르비아인의 삼파전

※1 여기서의 무슬림은 보스니아 무슬림을
의미하며, 보슈냐크인이라고도 부름.
오스만 제국 시대에 이슬람교로 개종한
크로아티아인과 세르비아인을 부르는 호칭

마케도니아 반란
(2001)
독립 이후 국내의 알바니아인
세력이 권리 확대를 요구하며 봉기

코소보 전쟁
(1998~1999)
알바니아인이 많이 사는 코소보
자치주에서 독립운동이 격화됨

1992년,
유고슬라비아에
남은 나라는
세르비아와
몬테네그로
뿐이었다.

이 두 나라가
유고슬라비아
연방 공화국※2을
새롭게 결성했다.

※2 신 유고슬라비아

같은 해 12월,
세르비아
공화국에서는
밀로셰비치가
대통령 연임에
성공했다.

세르비아

몬테
네그로

무슬림인

세르비아인은 보스니아 국내로 지배 지역을 넓히려고 한다…

집과 직장도 모자라 재산마저 빼앗겼는데 이제는 목숨까지!

'인종 청소'라는 이름 아래 특정 민족을 배제하기 위해 폭행과 대량 학살, 강제 수용이 자행되고

독립파 무슬림인 크로아티아인과 연방 잔류파 세르비아인의 대립으로 보스니아 전쟁이 일어났다.

1992년, 독립을 선언한 보스니아 헤르체고비나 에서는

사망자만 20만 명, 난민과 피난민은 2백만 명 이상 발생한 진흙탕 전쟁이 되었다.

1993년 보스니아 헤르체고비나 난민 캠프

전쟁과 재해로 고통받는 사람들을 돕고 싶다.

그런 마음가짐으로 NGO[1]에서 일을 하게 되었지만…

※1 Non-Governmental Organization의 약칭. 비정부 조직

토니 페르난도 26살
NGO 직원

이익에 목적을 두지 않고 활동하는 자발적 시민단체를 NGO라고 한다.

빈곤과 난민 등 전 지구적 문제 해결에 대해

빈곤이나 난민과 같은 전 지구적 문제의

냉혹한 현실 앞에서 나는 도대체 무엇을 할 수 있단 말인가?

여기는 위험한 곳이니까 아무쪼록 조심해.

먼저 식량과 물을 배급할 거야.

네.

전쟁 현장은 처음이지?

토니!

이 나라의 미래가 보이지 않아….

그들은 모두 지옥 속에서 간신히 벗어나 이곳까지 올 수 있었다.

북대서양조약기구 산하의 NATO군이 세르비아인 부대에 공격을 퍼붓자 미국이 중재에 나서 정전을 이끌어냈고,

이 아이들을 위해서라도 지금 내가 할 수 있는 일을 열심히 하자.

1995년 12월, 평화 협정을 맺으며 유고슬라비아 전쟁은 끝이 났다.

스릅스카 공화국

브르치코 행정구※2

※2 영토는 두 개의 구성체에 포함되지만, 정치·행정은 독립적임

보스니아 헤르체고비나 연방

무슬림, 크로아티아인이 주체인 '보스니아 헤르체고비나 연방'으로 나눠져 있다.

현재 보스니아 헤르체고비나는 세르비아인이 주체인 '스릅스카 공화국'과

요즘 화제의 논문이죠. 『문명의 충돌』을 읽어 보았나요?

냉전 이후의 세계를 예측하며 큰 주목을 받았다.

미국에서 발표된 논문 『문명의 충돌』이

1993년

FOREIGN AFFAIRS

The Clash of Civilizations?

새뮤얼 헌팅턴
정치학자

앞으로의 세계에서는 대립의 축이 나라 대 나라에서

문명 대 문명이나 종교 대 종교로 바뀔 것입니다.

유교와 이슬람교의 힘이 커질 것이라는 생각에는 동의 합니다.

인도 학생

동아시아의 경제 성장과 무슬림의 인구 증가로

여러분의 소감은 어떤가요?

당연히 읽었죠!

네.

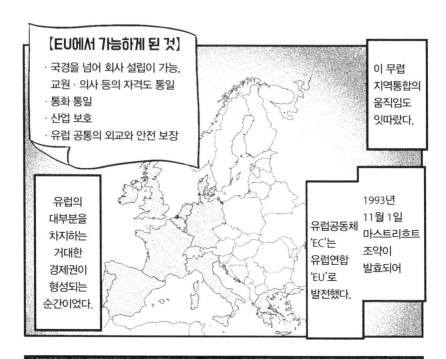

【EU에서 가능하게 된 것】
· 국경을 넘어 회사 설립이 가능,
  교원 · 의사 등의 자격도 통일
· 통화 통일
· 산업 보호
· 유럽 공통의 외교와 안전 보장

이 무렵
지역통합의
움직임도
잇따랐다.

유럽의
대부분을
차지하는
거대한
경제권이
형성되는
순간이었다.

유럽공동체
'EC'는
유럽연합
'EU'로
발전했다.

1993년
11월 1일
마스트리흐트
조약이
발효되어

아시아
태평양 지역의
지도자가
한자리에
모였다.

1993년
11월 20일
시애틀에서
APEC※의
첫 번째
비공식
정상회의가
열렸다.

아시아
태평양
지역에서도
경제 협력의
기틀을
만들며
나아갔다.

※아시아태평양
경제 협력체

자민당이
아니구나.

일본
신당의
호소카와
총리?

시애틀에
일본
총리도
왔구나.

일본에서는
'호소카와'
총리가
회의에
참가했다.

호소카와 모리히로
일본 총리

이후에는
비자민 · 비공산
연립 정권이
들어서면서

이 무렵 일본에서는
자민당이
대형 비리 사건을
저질러
국민들의 공분을 샀고

1993년
총선거에서
과반수를
넘기지 못하고
대패했다.

일본신당 대표
호소카와
모리히로를
총리로 세워
1993년 8월에
출범했다.

자민당은
38년만에 정권을 잃었으며
이로 인해 '55년 체제'가
붕괴되었다.

EU는 거대한 구조라서 기대하고 있지만.

지역 주의의 확산도 조금 걱정 돼. 반대로 민족주의를 불러 일으킬까봐.

EU든 APEC이든 지역 통합의 움직임이 계속되네.

킨네는 프랑스 사람 이라고 했지?

그럼 일본 농가는 괜찮을까?

아시아도 태평양 지역에서 무역 자유화가 추진될 것 같아.

졸업하면 프랑스로 돌아가?

난 프랑스에서 태어났지만 아빠와 엄마가 세네갈 출신이니까 뿌리는 아프리카야.

킨네 베이에
아프리카계 프랑스인

서아프리카의 세네갈 공화국은 19세기 말부터 프랑스의 식민지였고,

개발 도상국이니까 아이들의 미래가 더욱 중요하잖아.

나는 세네갈에 가서 학교 선생님이 될 거야.

아니,

선생님 이라…….

1960년에 독립을 이뤘다.

유럽 국가들은 아프리카 식민화를 위해 '분할통치'를 했고, 여기에서 비롯된 후유증은 전쟁과 분단이라는 형태로 여전히 계속되고 있다.

냉전 종결 이후 원조가 급감하면서 독재 정권이 약해졌기 때문이었다.

과거에는 미국과 소련이 각자의 진영을 확보하고자 아프리카 국가의 정권을 원조했지만

냉전 종결 이후 1990년대, 대부분의 아프리카 국가에서 일당독재가 붕괴되었다.

큰 내전이 잇따라 발생했다.

당선된 지도자가 자신에게 유리한 헌법 개정을 실시하는 등 정치는 안정되지 않고

생활은 나아지지 않아!

민주화를 했다는데

복수 정당제가 도입되는 등 민주화의 물결이 일었지만

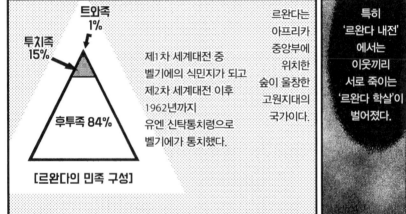

트와족 1%

투치족 15%

후투족 84%

[르완다의 민족 구성]

제1차 세계대전 중 벨기에의 식민지가 되고 제2차 세계대전 이후 1962년까지 유엔 신탁통치령으로 벨기에가 통치했다.

르완다는 아프리카 중앙부에 위치한 숲이 울창한 고원지대의 국가이다.

특히 '르완다 내전'에서는 이웃끼리 서로 죽이는 '르완다 학살'이 벌어졌다.

뭐야, 저 투치족 놈들….

뭐 …?

너희 투치족이 후투족을 지배해라.

당시, 벨기에는 투치족과 후투족 사이에 지배 구도를 만들었다. 그 대립을 부추겨 벨기에에 대한 반발을 억누르는 수단으로 사용했다.

대통령의 암살은 투치족의 소행이다!

앗… 그만 둬!

그런데 1994년 후투족 대통령이 암살되자….

와아아아

1962년, 르완다가 벨기에에서 벗어나 독립하자 이번에는 다수파 후투족이 정권을 잡고 투치족을 억압했다.

그리하여…

현재 르완다에서는 출신 종족을 나타내는 신분증은 폐지되었다.

후투족 과격파에 의해 투치족과 후투족 온건파의 대학살이 시작되었다.

약 백 일이라는 짧은 시간 동안 살해된 사람은 50만에서 80만 명, 난민은 2백만 명으로 추정된다.

한편
오랜 차별을
철폐하고
새로운 자유를
실현한 나라도
있었다.

남아프리카
공화국
이었다.

프리토리아
요하네스버그
레소토 왕국
남아프리카공화국
케이프타운

남아프리카
공화국은
네덜란드계
백인이
오랫동안
흑인과 같은
유색인종을
대상으로

'아파르트
헤이트'
라는
인종분리
정책을
실시
해왔다.

인종을 분류해
유색인종에게는
참정권을
부여하지 않는 등
인종차별적인
정책이
많이 만들어졌다.

그런
남아프리카
공화국에서
'코사족'
부족장의
아들로 태어난
'넬슨 만델라'는

이 나라는
일찍이
흑인들만이
살고 있었다.

그 당시에는
신분의
높낮이가 없는
모두 평등한
세상이었지.

66

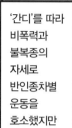

'간디'를 따라 비폭력과 불복종의 자세로 반인종차별 운동을 호소했지만

우리에게도 사회적 권리를!

피부색으로 차별하다니….

학창 시절부터 반아파르트헤이트 운동에 몰두해

1960년, 인종차별 반대 집회에 모인 수천 명의 흑인을 향해 백인 경찰이 총을 발포한 '샤프빌 학살'을 계기로

탕 탕 탕

1961년 '민족의 창'이라는 무장 단체를 만들어 게릴라 활동에 참여한 만델라는

굴복하느냐 투쟁하느냐.

지금 선택지는 두 가지다.

만델라는 비폭력주의를 버린다.

이후 27년간 감옥살이를 하는 동안에도 뜻을 굽히지 않았다.

피고석에는 내가 아니라 정부가 서야한다!

1962년에 체포되어, 1964년에 종신형을 선고받았다.

남아프리카 공화국에서는 아파르트헤이트 정책을 계속 유지했다.

FREE MANDELA

국제 사회는 인종차별 정책을 비난하며 만델라 석방을 요구했지만

1990년 만델라는 석방되고

이듬해 1991년 법 제도로서의 아파르트헤이트는 전면 폐지 되었다.

이대로 라면 내전이 일어날 수도 있다.

국제 사회의 비난과 제재도 심각하다.

인종 차별 철폐를 결단 했다.

아파르트 헤이트를 유지하는 건 무리다.

그러나 1989년 남아프리카 공화국의 대통령이 된 '데 클레르크'는

우리는 하나의 약속을 맺었습니다.

만델라는 남아프리카 공화국 대통령에 당선되었다.

1994년 모든 인종이 참여한 첫 선거에서

1993년 만델라와 데 클레르크는 노벨 평화상을 받았다.

그 누구도 빼앗을 수 없는 인간의 존엄성을 보장하는 나라.

흑인과 백인 모든 남아프리카 공화국 사람들이 아무런 두려움 없이 가슴을 펴고 다닐 수 있으며

비가 갠 뒤 파란 하늘에 걸린 일곱 빛 무지개처럼 어떤 피부의 사람과도 서로를 인정하고 힘을 합치는 나라!

국내에서도, 세계에서도 평화로운 '무지개 나라'를 만들겠습니다!

1970년대
시애틀 등
미국
서해안에서
새로운
카페 문화가
생겨났다.

살짝 볶은
원두를 뜨거운
물로 끓이는
방식에서

진하게 끓인
커피에 우유나
시럽을 넣는 등
다양하게 배합해
마실 수 있는
방식으로
바뀌었다.

시애틀계
커피라는
이 커피를
마시는 방법은

전 세계로
확산되어 세계
문화의 하나로
자리매김해
나갔다.

인터넷이 막
보급되기 시작하던
시기였다.

인터넷은
재밌어.

미국 TV에
세네갈 소식은
보도되지
않지만

인터넷
으로는
전 세계의
소식을
알 수 있어.

그리고
글로벌
기업 대표
아마존의
전신도

1994년
시애틀
근교에서
창립됐다.

하지만 난 현장에 가서 눈으로 직접 보고 싶어.

맞아. 확실히 인터넷은 편리해.

이 정보 전달의 속도가 세계의 일체화를 촉진했다.

…도모코는 기자가 어울릴 것 같아.

좀 더 다양한 세계를 보고 싶어.

세계를 보고 싶어서 미국에 왔으니까

이후에도 계속 퍼져 나가던 '세계화'의 물결은

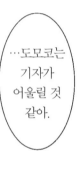

옷, 왔다 왔어.

1994년 8월 일본 센다이

사 토

1994년부터 속도를 높여 갔다.

기자…!

72

나 꿈을 찾은 거 같아.

이룰 수 있을지는 잘 모르겠지만 노력해 볼게.

빨리 빨리.

둘썩 둘썩

이게 이메일 이야?

열었어. 어디 보자.

"아빠 엄마 다이스케 잘 지내고 있어?"

도모코는 일본으로 안 돌아올 수도 있겠네요.

어머나 여보…

그래도 이메일이 있으면 지구 반대편 에서도 바로 연락이 와.

허세 부리 기는.

도모코가 정한 길이라면 그걸로 된 거야.

더 있다가 갈 순 없어?

그 대학교는 공부할 게 많아.

그보다 다이스케, 도쿄에 있는 대학교에 지원했다고?

1948년에 발효된 GATT는 세계 자유 무역의 '지침'이었을 뿐 실체가 없었다.

하지만 한발 나아간 '국제기구' WTO의 설립으로

세계는 경제 자유와 글로벌 경제의 시대로 접어들었다.

허전해 지겠네 ….

뭐어? 둘 다 집에 없는 거야?

합격하면 거기서 자취 해야지.

이러한 가운데 냉전 종결과 소련 해체로 미국은 세계에서 유일한 초강대국이 되었다.

미국은 1993년, 빌 클린턴이 대통령이 된 이후 IT산업과 금융 산업 중심의 경제 성장을 이뤄냈다.

세계에서 미국의 존재감은 더욱 커졌다.

지역을 통합하려는 움직임이 나타났고, 그 중 하나가 EU의 확대였다.

유럽 모두가 협력해서 대항하자.

세계 어느 곳에서나 거래를 할 수 있게 되면 강자만 이득을 보겠지?

전 세계적으로 경제 규모가 더욱 커지자 각 나라에서는 효율을 위해

【1995년 EU 회원국】

핀란드

스웨덴

오스트리아

EU는 15개국이 모인 거대한 통일 시장으로 발전했다.

1995년 1월 1일에는 오스트리아, 핀란드, 스웨덴이 EU에 새로 가입했다.

동·서 냉전 종결 후, 1993년에 출범한 유럽연합.

유럽연합이 성장하고 있다. 다음은 통화 통일이다.

자크 들로르
유럽 집행위원회 위원장

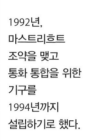

1992년, 마스트리흐트 조약을 맺고 통화 통합을 위한 기구를 1994년까지 설립하기로 했다.

EU의 다음 목표는 통화를 통일하는 것이었다.

1999년 1월, 통화 통합이 실현되어 단일통화인 유로가 탄생했다.

이후 2002년 유로 지폐, 동전의 유통도 시작되었다.

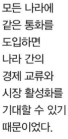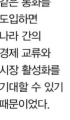

모든 나라에 같은 통화를 도입하면 나라 간의 경제 교류와 시장 활성화를 기대할 수 있기 때문이었다.

다만 영국이나 덴마크처럼 EU 회원국이지만 유로화 도입을 거부한 나라도 있었다.

이에 따라 독일의 마르크와 프랑스의 프랑은 폐지되었다.

초기에는 대화 중심의 느슨한 공동체였다.

1967년 냉전 속에서 공산주의 세력에 대항하는 국가 연합체로 출발했다.

EU에 버금가는 지역통합의 예가 동남 아시아다.

Association of **S**outh - **E**ast **A**sian **N**ations

아세안

그러나 1980년대 후반 냉전 체제가 무너지면서 성장한

동남아시아 국가들의 경제 협력 기구로 변화해 나갔다.

동남아시아 국가연합, ASEAN이 대표적이다.

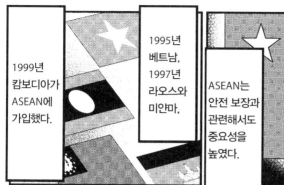

1999년 캄보디아가 ASEAN에 가입했다.

1995년 베트남, 1997년 라오스와 미얀마,

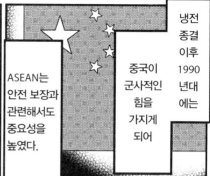

ASEAN는 안전 보장과 관련해서도 중요성을 높였다.

중국이 군사적인 힘을 가지게 되어

냉전 종결 이후 1990년대에는

미얀마※

라오스

베트남

태국

필리핀

브루나이

말레이시아

캄보디아

싱가포르

인도네시아

이로써 ASEAN은 동남아시아 10개국이 모인 단체가 되었다.

※ 1997년 당시의 미얀마 국기며, 현재 국기와는 디자인이 다름

이렇게 동남아시아의 국제적 위상은 올라갔고, 유럽과의 관계 강화를 목표로

1996년 3월, 제1회 아시아유럽 정상회의가 개최되었다.

ASEAN, 한·중·일, EU 15개국 대표가 모여

그렇구나.
졸업 후에는
미국에서
일할
생각이냐?

네!
더 좋은 세상을
만들고 싶어요.
세계 각지에서
무슨 일이
일어나는지
제 눈으로 보고

제가 본 것을
다른
사람들에게
알리는 일을
할 거예요.

희망적인
일도
많지만
비참한
일도 많지.

기자….

지금
세계는
해체와
재통합이
한창이다.

82

그것을
사람들에게
확실히
알리는 게
의미 있는
일이라고
생각해요.

1995년
일본에는
다양한 사건이
일어났다.
전쟁 이후,
사회의
전환기였다.

달
그
락
달
그
락
딸
그
락
딸
그
락

1995년
1월 17일
오전 5시 46분
일본 고베

대규모의 자원봉사 활동이 이루어졌고, 복구 과정에서 큰 역할을 했다.

긴급 체제와 공적 지원은 미흡했지만

기부 담요를 나눠드리고 있습니다!

[1995년] 재해대책기본법 개정

[1995년] 자위대법 시행령의 일부 개정

[1995년] 건축물의 내진 개수의 촉진에 관한 법률 제정

[1998년] 내각법의 일부 개정

이 경험을 바탕으로 일본은 국가 차원에서 위기관리체제를 재정비했으며, 실제 재해 상황에서 활용할 수 있도록 재해대책 기본법의를 개정했다.

철컹

철컹

뿌아아앙

뿌아아앙

같은 해 3월 20일 일본 도쿄 지하철

경찰은 조직적 범행으로 보고 있습니다.

나는 괜찮아. 짐 정리하느라 집에만 있었거든.

다이스케! 너 이사한 곳 근처 아니야?

뭔가 세상이 변해가는 것 같아.

올해는 큰 지진도 일어났는데 거기에 테러까지….

1995년 가을

엥? 이거 미국산 쌀이야.

이 쌀 엄청 싼데?

결국 쌀도 외국산의 시대가 오는 건가?

돈 없는 사람에게는 고맙군.

이 무렵 일본에서도 무역 자유화가 추진되었다.

완전 좋아!

우리 집에 엄마가 보내준 미야기*쌀이 있는데, 조금 줄까?

※일본 도호쿠 지방의 미야기현을 지칭함

1999년부터는 관세를 내면 자유롭게 수입할 수 있게 되었다.

1995년, 수입이 시작되었고

THE UNIQUE VARIETY RICE
KUHO ROSE
國賓
최고급신품종쌀

국내 농업을 지키기 위해 쌀 수입을 반대하는 사람도 많았지만

시간을 거슬러

와 아 아 오 오 오

소련 해체 이후 두다예프는 1992년 3월 러시아 연방의 연방 조약에 서명하지 않고

러시아 에서의 분리 독립을 분명히 밝혔다.

체첸은 주권을 가진 독립 국가다!

1991년 소련 해체가 가까워지는 가운데,

10월 체첸 공화국 대통령 선거에서 당선된 '조하르 두다예프'는 소련에서의 독립을 선언했다.

조하르 두다예프
체첸 공화국 대통령

그중에서도 가장 먼저 독립의 움직임을 보인 나라가 러시아 남서부에 위치한 '체첸 공화국' 이었다.

모스크바

체첸 공화국

소련 정부의 약체화와 함께 차례차례 드러났고

억눌려 있던 민족, 종교, 역사를 둘러싼 대립이

이주를 강요당하며 강대국에 농락당했다.

18세기 후반, 러시아 제국 시대부터 21세기의 러시아 연방 시대까지 줄곧

무슬림이 많이 사는 체첸 지역은

진압 해라!

체첸의 독립을 허용한다면 주변 나라들도 그 뒤를 따르려고 할 것이다!

보리스 옐친
러시아 연방 대통령

1995년 가을 체첸. 난민 캠프

많은 사람이 살던 곳에서 쫓겨나 난민 신세가 되었다.

토니!

지금 갈게요!

축구 좋아 하니?

토니 페르난도
NGO 직원

전쟁이 길어질 것 같네요….

체첸에 포로로 잡힌 러시아 병사 수가 엄청 많대.

옐친은 러시아군이 당장이라도 체첸을 제압할 수 있다고 생각한 모양인데

민족의 독립을 인정하면 러시아가 해체 될까봐?

왜 전쟁을 벌이면서까지 체첸 공화국의 독립을 막으려는 걸까요?

용서받을 수 있는 문제가 아니야.

그 탓에 이렇게 많은 사람이 집을 잃고 난민이 되어 버렸어요.

그런 부분도 있지만 이 지역은 석유 송유관이 통과하고 있으니까.

네!

그렇지. 지금은 우리가 할 수 있는 일을 하자!

러시아는 경제적으로도 놓치고 싶지 않을거야.

92

러시아 정부는 1996년 8월 체첸군의 '아슬란 마스하도프'※ 참모총장과 평화 협정을 맺었다.

※구소련의 육군 대령을 지낸 인물로, 이 경력 덕분에 러시아 정부와 협상할 수 있었음

러시아군은 같은 해 12월 31일, 군대를 완전히 철수했다.

1996년 4월, 제1차 체첸 전쟁은

두다예프 대통령이 러시아군의 공격으로 사망하면서 끝이 보이기 시작했다.

1997년 1월 마스하도프는 대통령에 당선되었고

5월 러시아의 옐친 대통령과 평화 조약에 서명했다.

베를린 장벽이 무너졌을 때는 세계가 평화로워질 줄 알았는데….

전혀 그렇지 않네.

도모코의 대학교

하지만 우리도 뭔가 할 수 있는 게 있을 거야.

체첸도 그렇지만 유고슬라비아도 르완다도 수렁에 빠졌어….

싸움은 인간의 숙명인가.

1996년 여름 미국 시애틀

누나, 취직 축하해.
미국 뉴스통신사에 합격했다며!
아빠는 기뻐하는 듯하면서도 쓸쓸해 보이는 얼굴을 하셨지만(웃음).

그건 그렇고 여름방학에도 귀국하지 않고 일이라니.
건투를 빌게!

다이스케다.

이메일은 편리하네. 미국과 일본이 순식간이야.

일본 도쿄

누나한테 답장 왔다.

여전하네.

다이스케, 건강해 보여서 다행이야.

이곳은 졸업 후에 여름방학 같은 건 없어! 이미 통신사에서 일하고 있고.

아직 어시스턴트지만 매일이 즐거워!

머지않아 현지로 갈 기회를 잡을 것 같아!

1995년 미국에서는 8월, 일본에서는 11월에 Windows95※가 발매되었다.

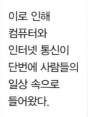

이로 인해 컴퓨터와 인터넷 통신이 단번에 사람들의 일상 속으로 들어왔다.

※ 마이크로소프트사가 출시한 컴퓨터의 기본 소프트웨어

우선 피난민과 지원 단체의 말을 들어보자.

체첸은 계속 와보고 싶었어.

드디어 첫 현장 취재….

1997년 봄
체첸
난민 캠프

아이들의 표정이 밝아 보여.

뉴스에서 봤을 때보다

작년에 평화협상을 맺었고, 러시아군도 철수했으니까.

실례 합니다!

한동안은 괜찮겠지.

NGO 관계자 되시죠? 체첸 난민의 현재 상황에 대해 이야기를 나누고 싶습니다만.

뉴스통신사 기자 도모코 사토라고 합니다.

저는 토니 라고 합니다.

NGO의 물류 담당으로 일하고 있어요.

네. 좋습니다!

그만 올라 타.

까르륵

끄끄끅

아 뭐야 뭐야.

재잘 재잘

이 녀석들.

잘 부탁해요, 토니.

이곳의 현재 상황을 많은 사람이 알았으면 좋겠어요.

대통령 선거도 시행했지만 앞으로 어떻게 될지….

러시아 군도 철수했고

제가 왔던 1995년과 다르게

맞아요.
대통령은
온건파라서
협상을 통한
해결을
추구하지만

러시아
정부와
협상
파이프가
있다고
들었어요.

새 대통령
마스하도프는
구소련군
출신이고

아이들이
모처럼
웃고 있는데.

있는 힘을
다해서라도
독립하려는
과격파도
있어요.

지금도
테러나
유괴 사건이
많아서
정세가
불안해요.

그 후
체첸 대통령은
친러시아파 인사가
맡게 되었고,
테러와 더불어
독립파에 의한
전쟁이 이어졌다.

2000년에는
러시아 연방
대통령에 의한
직접 통치가
도입되었다.

두
두
두

2년 후
1999년,
러시아 정부는
다시 체첸을
침공하고

파 앙

1997년
7월 1일

홍콩은
이날

파 파 파 파 팟

영국에서
중국으로
반환
되었다.

중국 전체의
기쁨이자
세계 평화와
정의의
승리입니다.

장쩌민
중국 국가 주석

오늘은
슬픔의 날이
아닌
축복의
날입니다!

처

역

크리스 패튼
영국 총독

19세기, 두 차례의 아편 전쟁으로 인해 홍콩 섬과 구룡반도 일부는 영국령이 되었다.

1899년에는 신계 지구와 주위의 섬들이 99년 기한으로 영국의 조차지*가 되었는데, 이것이 사건의 발단이었다.

※ 한시적으로 다른 나라의 영토를 빌리는 것

신계의 조차 기한이 끝나는 1980년대부터 홍콩 반환을 둘러싸고 중국과 영국 사이의 협상이 시작되었다.

중국 측 대표 '덩샤오핑'은 영국의 '마거릿 대처' 총리와의 협상 때

홍콩섬과 구룡반도 전역 반환을 요구한다!

덩샤오핑
중국 국가 주석

결국, 영국은 홍콩 섬을 중국에 반환하기로 하고 신계 조차 기간이 만료되는 1997년에 '홍콩 반환 협정'을 발표했다.

군사 개입도 불사하는 강경한 자세를 취했다.

중국 측 의지가 상당히 강하다….

……

마거릿 대처
영국 총리

100

그러나 홍콩 반환에 힘썼던 덩샤오핑은 홍콩 반환일을 코앞에 둔 1997년 2월에 사망했다.

영국은 홍콩 섬 반환 조건으로 향후 50년간 자본주의 제도를 유지해야 한다는 '일국양제'를 내걸어 중국과 합의했다.

홍콩은 동·서양의 공존을 세계에 보여 주었습니다.

영국적 가치관과 제도는 홍콩에 권리와 자유를 가져다주었다고 말할 수 있습니다.

찰스 윈저
영국 왕세자

그리고 2년 후 1999년 12월, 또 다른 식민지 '마카오'가 포르투갈에서 중국으로 반환되었다.

펑

펑

팡

파박 파박 파박

이와
같은
생각을
가졌다.

지구
환경을
보전하면서
개발해
나가자.

세계화
속에서
인류의
미래를
위해!

1980년대부터
시작된 목표,
'지속 가능한
발전'*은
1990년대에 이르러
더욱 중요하게
여겨졌다.

※ '지속 가능한 발전 목표(SDGs)'는 2016년
유엔에서 국제사회의 목표로 채택되었음.

인류에게
커다란
과제로
남았다.

특히 기후변화나
지구온난화를
일으키는 이산화탄소,
온실가스를
감축하는 문제는

지구온난화
방지를 위해
온실가스의
배출량 감축을
논의한
국제회의였다.

교토에서
'기후변화협약
제3차
당사국 총회'
(COP3)가
열렸다.

1997년
12월

음음음

2000년 이후로는
온실가스 배출을
줄이겠다고?
엄청난 도전이네!

102

환경 파괴에 대한 국제적인 관심은 1970년대에 시작되었다.

1982년 남극 상공에서 '오존홀'이 발견됐다. 여기서 오존홀이란, 자외선을 흡수하는 오존층이 얇아져 구멍이 뚫리는 현상이다.

이에 따라 지구에 쏟아지는 자외선의 양은 늘어나고, 지구 환경은 심각한 영향을 받게 된다.

온실가스를 둘러싸고 선진국, 신흥국, 개발도상국 사이에 대립이 일어났지만

온실가스 감축은 전 세계가 나서야한다!

지금까지 많은 양의 온실가스를 배출한 선진국이 책임져야 한다!

개발도상국

선진국

COP3에서는 선진국을 대상으로 온실가스 감축의 구체적인 수치 목표를 규정한 '교토의정서'가 채택되었다.

여러 나라가 모여 이산화탄소 배출량 감축에 대한 구체적 목표치를 설정한 것은 획기적이야.

United Nations Framework
Third Session, Confer
Kyoto, 1 - 10 De

경제에 미치는 영향이
크다는 이유로
의정서를 받아들이지
않아 효력을 발휘하기
위한 조건을
충족시키지 못했다.

먼저
배출량이 많은
선진국이 모여
방법을 찾는 것을
목표로 했으나
미국, 러시아,
오스트레일리아,
일본이

이미
해수면
상승과
급속한
온난화가
일어나고
있다….

지구의 미래가
걸린 문제인데.
국익과 얽혀
해결할 수
없다니….

하지만
2002년에 일본이,
2004년에는
러시아가
의정서를 받아들여
2005년 2월,
비로소 효력이
발휘되었다.

온실가스
감축에 대한 노력은
그 후
2015년에 채택된
파리 협정으로
계승되었다.

한편 2011년에는
캐나다가
탈퇴 의사를 밝혔고
미국 역시 협약에서
탈퇴하기에
이르렀다.

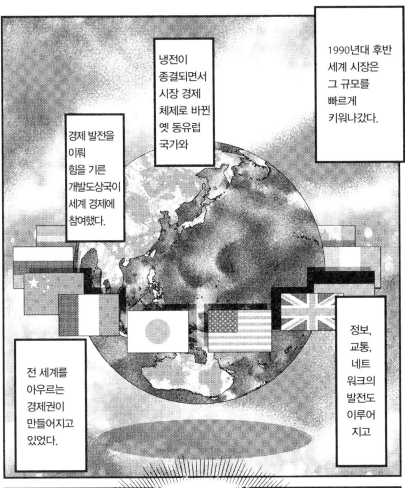

경제 발전을
이뤄
힘을 기른
개발도상국이
세계 경제에
참여했다.

냉전이
종결되면서
시장 경제
체제로 바뀐
옛 동유럽
국가와

1990년대 후반
세계 시장은
그 규모를
빠르게
키워나갔다.

정보,
교통,
네트
워크의
발전도
이루어
지고

전 세계를
아우르는
경제권이
만들어지고
있었다.

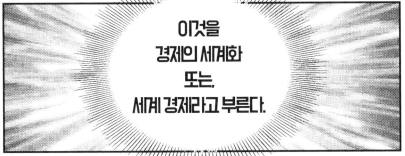

이것을
경제의 세계화
또는,
세계 경제라고 부른다.

시장 규모가 늘어나면서 세계 전체의 생산성이 상승했고

전 세계가 하나의 시장으로 통합되면서,

작은 시장

작은 시장

큰시장

앞으로도 세계 경제는 꾸준히 발전하게 될 것이다.

기업이 추구하는 이익 역시 거대해졌다.

작은 시장

올해 흉작으로 국민의 생활이 힘들다…

광산을 찾았어! 호황이 코앞이다!

B국

A국

과거 경제 시장은 국가 단위로 이루어져 있었으며 확장이 되더라도 유럽, 북미, 동아시아 등 인근 지역끼리 묶인 정도였다.

또 냉전 시대에는
사회주의와
자본주의로
경제권이
분리되어 있었기에
무역이
활발하지 않았다.

【사회주의 국가】
국가 등의 규모가 큰 조직이
생산 및 유통을 관리함

【자본주의 국가】
각 기업들이 생산 수단을 갖고
이익을 위해 서로 경쟁함

그러나
세계 전체를
아우르는 시장이
생겨나면서,
글로벌 기업이
경제를 이끌게
되었고

국내에서
활동하는
기업들은
글로벌 기업에
밀리게 됐다.

이들은 필요한 원료를 조달하기에 적합한 각각의 나라에서 상품과 서비스를 만들어 전 세계에 제공한다.

'글로벌 기업'은 설립 국가와 관계없이, 전 세계를 대상으로 사업을 확장하는 기업을 의미한다.

【글로벌 기업의 예시】

금융 역시도 세계화 되면서

이번 분기는 동남아시아가 순조롭네.

세계적 투자자들은 이익을 찾아 세계 곳곳에 투자했다.

계속 투자하자.

매상이 오르고 있어!

원료를 생산하는 나라

물건을 만드는 나라

쉽고 싸게 살 수 있어서 좋아!

판매되는 나라

본사를 두고 이익을 보는 나라

108

아시아 통화가 급격하게 하락했다.

그러나 1997년, 미국과 유럽 투자자들의 계획적 매도로 인해 태국 통화인 '바트'가 폭락하자

1997년 아시아 금융 위기가 그중 하나다.

때로는 그 움직임이 세계 경제에 타격을 주었다.

그 결과, 인플레이션과 주식 하락 등 심각한 경기 후퇴가 진행되었고 정권교체도 일어났다.

1990년대 아시아 국가들은 미국과 유럽의 투자를 받아 '동아시아의 기적'이라 부를 정도로 눈부신 경제 발전을 이뤘다.

국제 통화기금 (IMF)이 구제에 나섰다.

물론, 대한민국 역시 큰 타격을 입었으며

이 금융 위기로 태국, 인도네시아, 말레이시아, 필리핀 등의 나라가 어려움을 겪었다.

도와 줄게!

IMF

그러나 돈을 빌려주며 내민 조건이 문제였다.

공공사업의 재검토와 대규모 정리해고, 증세 등 무리한 요구를 이어갔다.

그 결과, 기업은 망하고, 거리는 실업자로 넘쳐났으며 IMF에 항의하는 사람들의 목소리는 더욱 거세졌다.

아시아 금융 위기는 러시아와 브라질 경제에도 영향을 끼쳤다.

이처럼 1990년대 후반에는 세계 경제의 불안정함을 엿볼 수 있는 사건도 발생하고

경제의 세계화 그 자체에 대한 의문도 생겼다.

우리도 나라를 스스로 지키기 위해서는 핵이 있어야 해!

같은 해 5월 28일. 인도와 국경을 맞댄 파키스탄도 이에 대항하기 위해 핵실험을 실시했다.

이쪽이 인도, 이쪽이 파키스탄이다.

큰일 났네….

도모코의 회사

1947년에 분리 독립 했지만

힌두교를 믿는 인도와 이슬람교를 믿는 파키스탄은 종교적인 차이로

무력 충돌을 반복하고 있어.

인도와 파키스탄이 카슈미르 지방의 영유권을 둘러싸고

힌두교 번왕※이 인도에 귀속하기로 해버린 거지.

카슈미르 지방
중국
•이슬라마바드
파키스탄
•뉴델리
인도

두 나라 사이에 있던 카슈미르 지방은 주민 대다수가 이슬람교를 믿었는데

※ 영국에 의해 그 지역의 자치권을 인정받고, 예전부터 내려온 인도 왕후

미국 경제는 호황의 시대에 접어들었다.

오랫동안 시달려 오던 재정 적자를 거짓말처럼 해소했다.

1997년부터 2000년 사이, 미국의 클린턴 정부는

세계를 정보화 시대로 만드는 새로운 '엔진'이 탄생하고 있었다.

1998년 9월, 미국 캘리포니아주 멘로파크의 한 차고

검색할 수 있도록 만드는 것이 목표다!

스탠포드 학생이었던 '래리 페이지'와 '세르게이 브린'이 설립한 회사 'Google'의 시작이었다.

인류의 모든 것을

세르게이 브린

래리 페이지

현재는 검색 엔진, 지도 이메일 등의 서비스를 지원한다.

Google은 짧은 시간에 급성장을 이뤘고

이렇게
정보의 세계화
시대로
한 발자국
나아갔다.

1990년대 후반,
통신 기술의 혁신으로
인터넷이 확산되자
순식간에 전 세계는
정보의 바다가 되었다.

새로운
과제도
생겨났다.

그러나
경제의
세계화가
빨라지면서

그 회의에서
무역 규제 철폐에 대한
논의가 있을 예정이래.

어머,
다이스케!

누나, 시애틀에서 열리는
세계무역기구 회의를
반대하자는 메일이 왔어!
이건 뭐야?

주요 안건은
글로벌 기업에 대한
규제를 없애자는 거고.

흐음.

1990년부터 세계화를 반대하는 목소리가 거세졌다.

규제를 없애면 국내 기업들은 임금이 싼 나라에 일을 빼앗기거나 자신들이 만든 물건이 비싸서 팔 수 없게 될지도 모르니까.

리 상품이 안 ㅣ려서 힘들어!

세계가 하나로 이어진다면 임금이 싼 나라에 일을 빼앗기고 말거야.

WTO 반대! 현재 자유무역은 너무 앞서갔다!

노동조합, 시민단체, NGO가 이 회의에 반대하는 '반세계화' 시위를 호소하는 것 같아.

전 세계적으로 빈부 격차는 더욱 심해졌다.

개발도상국에서는 전통 산업의 쇠퇴, 환경 파괴와 같은 문제들이 발생했다.

세계는 하나가 되었으나 선진국에서는 고용 상실이 일어나 생활 수준이 낮아졌고

1999년 11월,
WTO 회의가 개최되는
시애틀 회의장 주변에
약 10만 명의 군중이
몰려들었다. 각국 대표들은
입장조차 할 수 없었고,
당연히 회의는 중지되었다.

이것은
세계에
정의를
호소하는
운동이니까요!

이것을
반세계화
라고
취급하는 건
유감이네요.

나는
관료들에
의한
급진적인
세계화에
반대지만

이 사건을
'시애틀 전투'
라고 부르며,

인터넷이
이들의 연대에
큰 몫을 했다.
국경을 뛰어넘은
시민들의
영향력으로 인해
반세계화의
움직임은

정치적으로도
무시할 수 없는
상황이 되었다.

제 **3** 장 테러와의 전쟁

그날 아침의 일이었다.

2001년 9월 11일
뉴욕의
세계무역센터 빌딩과
워싱턴 근교에 있는
국방부 펜타곤에

이 사건은 '테러리스트vs 국가'라는 새로운 전쟁의 서막이었다.

이번 테러는 오사마 빈 라덴이 이끄는 알 카에다[2]의 소행이다!

※2. 이슬람 극단주의 테러단체

좋아, 정보를 정리해 보자.

바스락

바스락

그들은 아프가니스탄의 탈레반 정권과 연계되어 있다.

알 카에다 소탕을 시작으로 테러와의 전쟁을 선포한다!

알 카에다의 지도자 오사마 빈 라덴.

뚝

사실 사우디 아라비아에서도 손꼽히는 재벌, 빈 라덴 가문 출신이야.

조지 W. 부시
미국 대통령

걸프 전쟁이 일어났을 때 사우디 아라비아에 미군이 주둔한 것을 항의한 인물이지.

항의 라고요?

이교도의 병사… 기독교인 미군에 의지했다는 게 항의 내용이었지.

사우디아라비아 왕가는 그 성지를 지켜야 할 위치에 있는데도

사우디 아라비아에는 이슬람교의 성지, 메카와 메디나가 있어.

앞으로의 세계는 대립의 축이 국가 대 국가에서

문명 대 문명이나 종교 대 종교로 바뀔 것이다.

이것이 '문명의 충돌'이라는 걸까?

당시 무슬림 사이에서도 반발이 적지 않았어.

이런 일이 쌓여서 테러 행위를 일으킨 것일 수도….

그 당시
그들의
배후에는
미국이
있었지.

하지만
아이러니
하군.

빈 라덴은 소련의
아프가니스탄 침공 때
소련과 싸우는
'아랍 의용군'의
일원이었어.

전 세계적인
네트워크와
돈이 있는
알 카에다는

탈레반에
자금을 대고
보호를 받았어.

미국이
빈 라덴의
조직을
키웠다고요?

맞아.
그 후에도
아프가니스탄에서
내전이
계속 되었고

이슬람
원리주의
조직인
탈레반이
정권을
장악했어.

미국은
합법적으로
테러리스트를
공격할 수
있는 거지.

알 카에다에
대한 무력
행위를
용인하기로
했어.

테러
다음
날에는
유엔
안보리도

케냐와
탄자니아에서
일어난
미국 대사관
폭탄 테러
사건과도
관련이 있고
….

나도 혐오는 반대하지만 미국인의 분노는 쉽게 가라앉지 않을 거야.

무슬림에 대한 무분별한 혐오를 지켜만 볼 수 없어요.

미국 사람들의 분노는 이해하지만

슬퍼하고만 있을 수는 없겠네요!

우리는 펜으로 테러리스트와 싸우자!

부시 대통령은 아프가니스탄 정부에 빈 라덴의 인도를 요청했으나

아프가니스탄 정부는 이를 거부했다.

빈 라덴은 이슬람교에 '성전(聖戰)'※을 호소했다.

※ 성스러운 전쟁, 종교 전쟁이라는 뜻으로 이슬람에서의 '지하드'를 의미함

콰쾅

우우우

화악

2001년 10월
미군을 중심으로 한
다국적군은
아프가니스탄과의
전쟁을 시작했다.

12월 7일
마지막 거점
칸다하르에서도
패배했다.

다국적군의
공격을 받아
11월 13일
수도인 카불을
함락당했고

1996년부터
아프가니스탄을
지배하던
탈레반 정권은

딸각

딸각
딸각

이 전쟁으로 인해

미국 내에서
부시 대통령의 평가와 인기는
나날이 높아져 갔다.

세계는 이슬람과의 전쟁이 아닌
테러와의 전쟁이라고 강조한다.

미국의 행동은 국제 사회에서 지지를 받고 있다.
그러나 당사자인 아프간 사람들은 어떨까?

다음 주에
현장 취재를
다녀와야겠어.

공습으로 인해 많은 사람이 무참히 죽었다.
사회 인프라도 모두 파괴된 지금,
국제 사회가 할 수 있는 건 뭘까.

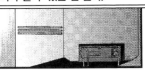

이곳
사람들에게
필요한 건
뭘까?

식량?
교육?
시민의
권리?

2001년 겨울
아프가니스탄

파키스탄
국경 근처
NGO의
난민 캠프

130

늑대 배에서 아기 염소 세 마리가 튀어 나왔어요.

엄마 염소가 늑대를 해치우자 ....

까하하

혹시 토니?

행복하게 살았답니다.

오랜만 이네요!

도모코?

이럴 수가.

일본의 ...

펄

럭

131

케어링 크라운?

어푸

맞아요. 케어링 크라운.

어푸

그 분장은… 피에로 맞죠?

업무하다가 시간이 나면 가끔 이러곤 하죠.

힘든 일을 겪은 아이들이 웃었으면 해서….

병원이나 재해지에서 활동하는 광대를 말하는 거예요.

하지만 그는 지금 눈앞에 있는 사람들을 조금이라도 행복하게 해주려고 하는구나….

전 세계에 알리는 것만이 그들을 위하는 길이라고 생각했다.

나는 현지인들이 겪는 고난을 보도해서

네? 그 정도는 아니에요.

엥!

정말 멋있어요.

어제 12월 22일, 파슈툰족※1의 '하미드 카르자이'를 의장으로 하는

아프가니스탄 과도정부※2가 출범했습니다.

※2 새로운 정부가 성립될 때까지 나라가 시스템을 갖추기 전까지 임시적으로 운영되는 정부

※1 아프가니스탄의 최대민족

정권 기반이 취약해서 어려울지도 모르겠습니다.

혼란이 길어질 것 같네요….

여러 파벌의 세력 다툼 속에서 카르자이가

미국과 유엔의 지원으로 의장이 되었는데요.

이것으로 아프가니스탄이 안정될까요?

아무 잘못도 없는 사람들이 이런 일을 당하다니….

본격적으로 테러와의 전쟁을 시작했다.

군사력으로 불과 40일도 안 되어 아프가니스탄의 탈레반 정권을 무너뜨린 미국은

북한, 이란, 이라크는 악의 축을 형성해 무장을 준비하고 있다!

2002년 1월 29일 미국 워싱턴

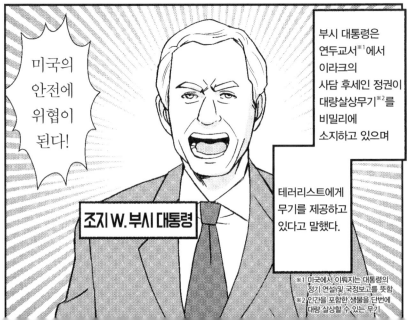

미국의 안전에 위협이 된다!

조지 W. 부시 대통령

부시 대통령은 연두교서[1]에서 이라크의 사담 후세인 정권이 대량살상무기[2]를 비밀리에 소지하고 있으며

테러리스트에게 무기를 제공하고 있다고 말했다.

※1 미국에서 이뤄지는 대통령의 정기 연설및 국정보고를 뜻함.
※2 인간을 포함한 생물을 단번에 대량 살상할 수 있는 무기.

세계 60여 개국, 4백 개 도시에서 수백만 명이 참가했다.

이듬해 2003년 2월, 이 운동은 큰 물결로 번져 세계 곳곳으로 퍼져나갔고

DON'T ATTACK IRAQ

살인을 멈춰라!

전쟁으로 무엇을 해결할 수 있는가!

이 발언으로 세계 곳곳에서 전쟁을 반대하는 운동이 일어났다.

2002년 6월 9일 일본 시부야의 스포츠 바

열한 명의 일본 선수단이 입장합니다!

와자

지꺌

드디어 시작한다!

한편 고이즈미 일본 총리는 부시 대통령의 '테러와의 전쟁'을 지지했고

미국의 아프가니스탄 침공을 지원하기 위해 '테러 대책 특별 조치법'을 2001년에 통과시켰다.

국제 협조 아래 테러와의 전쟁에 우리 나라도 대응한다!

고이즈미 준이치로
총리

한국과 일본은 과거 역사 문제와 고이즈미 총리의 야스쿠니 신사 참배 문제 등 갈등의 요소가 많았지만,

한국은 월드컵을 계기로 광복 이후 줄곧 규제해 왔던 일본 대중문화를 완전히 개방했다.

일본은 드라마나 음악과 같은 한국 문화에 대한 흥미를 고조시켜 한·일 관계를 북돋고자 했다.

2002년 9월 북한 평양

이 무렵 북한과 일본의 관계에도 변화가 일어났다.

2001년 총리에 취임한 고이즈미 준이치로는 '악의 축'이라고 불리며 긴장감을 고조시키던 북한을 전격 방문했다.

우리는 동아시아 국가와 미국에도 문호를 개방 하겠습니다.

김정일
북한 최고지도자

국교를 정상화하고 미국, 한국과도 대화해 나갑시다.

고이즈미 준이치로
일본 총리

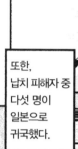

또한, 납치 피해자 중 다섯 명이 일본으로 귀국했다.

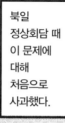

북일 정상회담 때 이 문제에 대해 처음으로 사과했다.

북한은 과거, 일본인을 납치한 적이 있었는데

문이 열렸 습니다.

또각

이번에는 납치 피해자 가족 다섯 명이 일본으로 돌아왔지만 국교정상화 교섭은 재개되지 않았다.

이후 2004년에도 고이즈미 총리는 북한을 방문했다.

한편

뭐야...
지금
바그다드에서
일어나고
있는 거야?

탕
탕
탕

퍼
엉

아!

라
라
라
라

방금 포격이
시작되었습니다.
후세인
궁전 쪽에서
불빛이
보입니다!

3월 20일
현지시각
오전
5시 30분

최후
통첩 기한
48시간 후

미국과 영국을
중심으로 한
다국적군이
이라크를
침공했다.

탕
탕
탕

탕
탕

이라크
전쟁의
서막이
올랐다.

삐걱

2003년 4월 9일
수도 바그다드가
함락되고
후세인 정권은
최후를 맞았다.

무인
공격기등
첨단 무기를
활용해
이라크군을
압도했다.

다국적군은
30만여 명의
병력을
동원하고

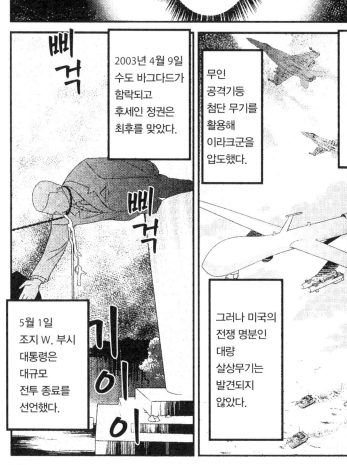

삐걱

그러나 미국의
전쟁 명분인
대량
살상무기는
발견되지
않았다.

5월 1일
조지 W. 부시
대통령은
대규모
전투 종료를
선언했다.

끼이이

두

두

두

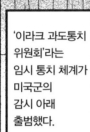

'이라크 과도통치 위원회'라는 임시 통치 체계가 미국군의 감시 아래 출범했다.

후세인 정권이 붕괴된 후 7월,

하지만 이라크의 혼란은 가라앉지 않았다.

2003년 12월, 사담 후세인 전 대통령이 미군에 체포되었다.

후세인은 2006년 말

이라크 특별 법정에서 사형 판결*을 받고 처형되었다.

이라크 내 반미 감정도 여전하고.

후세인 정권을 몰아내기는 했지만, 치안을 유지하기가 생각한 것보다 훨씬 더 어렵군.

종파 대립 문제가 심해졌고, 외국인 테러 등으로 주둔 미군의 부담은 늘어갔다.

국내의 종교 대립과 테러로 군의 사상자 수와 전쟁 비용은 늘어만 가고 있어.

※ 1982년 시아파 주민 1백 48명을 살해한 혐의를 받음

144

이후
2005년 2월에는
동영상 전송 사이트
YouTube가
설립되었다.

전 세계의
뉴스와 정보를
실시간으로
볼 수 있게 되었다.

이 무렵
인터넷의
발달로

띵

이것으로
영상 정보를
누구라도 손쉽게
세계 사람들과
공유할 수 있는
시대가
시작되었다.

뭐?
결혼?
어느새
….

4월 첫째 주에
일본으로 귀국할 거 같아.
결혼식을 해야 하는데,
예식장 예약 좀 부탁해!

사토 도모코와 토니 페르난도는 2004년에 결혼식을 올렸다.

이게 유로구나.

2002년 1월 1일, EU 회원국 간의 공통 통화, '유로'를 선보였다. 경제적인 통합이 이루어진 것이다.

EU는 중유럽과 동유럽을 중심으로 2004년 10개국, 2007년 2개국의 회원국을 추가해 더 큰 공동체가 되었다.

EU를 성립하는 등 하나가 되어가던 유럽은

그런 가운데 2004년 10월에는 '유럽 헌법 조약'을 제정하면서 대통령과 외무장관을 두는 초국가적인 통합을 시도한다.

이 헌법이 발효되면 EU는 국가를 뛰어넘는 국가가 될 거야.

통합하면 경제가 약한 나라에서는 일자리가 없어지는 거 아니야?

EU가 그렇게 강해지면 이 나라의 주권은 어떻게 되는 거야?

그러나 많은 유럽인들은 이 조약에 반대했다.

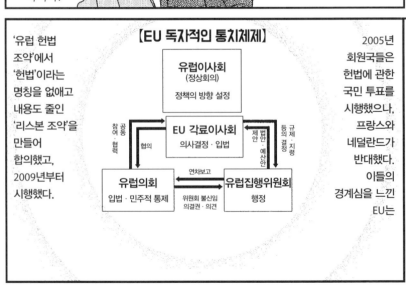

'유럽 헌법 조약'에서 '헌법'이라는 명칭을 없애고 내용도 줄인 '리스본 조약'을 만들어 합의했고, 2009년부터 시행했다.

【EU 독자적인 통치체제】

유럽이사회
(정상회의)
정책의 방향 설정

참여 공동 협력 협의

EU 각료이사회
의사결정 · 입법

제법안 예산안 등의 결정 규제 · 지령

유럽의회
입법 · 민주적 통제

연차보고

위원회 불신임 의결권 · 의견

유럽집행위원회
행정

2005년 회원국들은 헌법에 관한 국민 투표를 시행했으나, 프랑스와 네덜란드가 반대했다. 이들의 경계심을 느낀 EU는

1995년 이츠하크 라빈 총리 암살 이후 이스라엘에서는 강경파가 등장했다.

이스라엘과 팔레스타인은 1993년의 오슬로 협정으로 평화에 한 걸음 다가섰지만

예루살렘의 이슬람교 성지 방문을 강행했다.

예루살렘은 모두 이스라엘 것이다.

2000년 이스라엘 우파 정당 '리쿠드'의 핵심 인물이었던 '아리엘 샤론'은

주민들이 돌을 던지던 1차 때와는 달리 무장 세력이 중심이 되어 무기와 자살 폭탄 테러로 맞섰다.

팔레스타인 측은 이 도발 행위에 적극적으로 저항했다. 제2차 인티파다가 일어난 것이다.

이
혼란
가운데

아라파트 의장은
2004년 11월,
파리 교외의 병원에서
숨을 거뒀다.
팔레스타인 독립을
요구하며
이스라엘과 싸웠고,
평화의 길을 모색한
PLO 의장의 죽음이었다.

이스라엘의
스파이가
독을
탔다는
소문도
있어….

최근
아라파트
의장이
극도로
쇠약해졌어.

아라파트 의장
사망 당일에
열린 PLO집행
위원회에서
온건파
'마흐무드
압바스'가
새 의장으로
임명되었다.

이듬해
2005년 1월에는
자치 정부
대통령 선거에서
당선되어
팔레스타인의
대표가 되었다.

아라파트
의장의
공식적인
사망 원인은
병사지만,

독살
가능성을
제기하는
사람도
많았다.

압바스는 이스라엘의 샤론 총리와 회담을 나누고 정전에 합의했다.

마흐무드 압바스
PLO 의장

아리엘 샤론
이스라엘 총리

양측이 무력 행사를 멈추고 평화를 향해 나아갔다며 기대가 높아졌지만

이스라엘 총리와 팔레스타인 지도자의 정상회담은 4년 4개월 만으로

그러자 이스라엘은 새 내각에 자금을 공급하는 원천인 '관세 이전'을 중단했다.

압바스가 이끄는 PLO가 급진파 하마스에 과반석을 빼앗기며 패배했다.

2006년 팔레스타인 자치 의회 선거에서

이스마일 하니야
팔레스타인 총리

※ 이스라엘 정부는 팔레스타인 국경 지역을 관리하며 세금을 대신 징수하고 있었음

레바논

시리아

지중해

요르단 강 서안 지구
(PLO)
예루살렘

가자 지구
(하마스)

이스라엘

요르단

이집트

심각한 재정난 속에서 PLO와 하마스의 대립이 이어졌다.

결국 PLO가 요르단 강 서안 지구를, 하마스가 가자 지구를

각각 지배하는 분단 상황이 일어났다. 이로 인해 가자 지구는 고립되고 만다.

전기와 수도 등 사회 기반 시설을 이스라엘에 의존하던 가자 지구 사람들의 생활은 매우 고달팠다.

두

두

두

이스라엘은 하마스가 지배하는 가자 지구를 공격하며 봉쇄했고

항쟁과 평화를 반복하면서 사태는 점점 복잡해져갔고 평화의 실현은 아직도 까마득하다.

국제 사회의 중대사로 떠올라 주목을 받았지만

팔레 스타인과 이스 라엘의 문제는

투르크메니스탄

터키

카스피해

시리아   이라크

● 테헤란

이란

이란 혁명 이후
시아파의
이슬람
원리주의
정권이 들어선
이란은

미국 및
중동
국가들과의
긴장 관계를
지속했다.

그 상황을
더욱 악화시킨 건
'핵확산금지 조약'에
가입한 상태에서
감행한
핵 개발이었다.

쿠웨이트

페르시아만

아랍에미리트

파키스탄

사우디아라비아

이란은
핵무기를 개발할
생각이 없다.
평화적으로
이용하고
싶을 뿐이다.

2005년
9월
17일
유엔
총회
에서

2004년에
핵 개발
중단을
결정했지만

국제사회의
비난을 받은
이란은

이것은
'핵 아파르트
헤이트'다.
평화적
이용은
허가하라!

원자력 발전과
의료 분야에서
필요하다며
핵 개발을
재개했다.

2005년에
취임한
강경 보수파
'마흐무드
아흐마디네자드'
대통령은

아흐마디
네자드
대통령은
강경한
태도를
보였다.

마흐무드 아흐마디네자드
이란 이슬람 공화국 대통령

동시에
경제 제재도
가하면서
이란 국민의
생활에
타격을 줬다.

2006년
UN 안보리는
이란에
핵 개발
중지를
요청했고

2015년
미국, 영국, 프랑스,
러시아, 중국, 이란은
이란의 핵 개발을
제한하는 조건으로
경제 제재를 해제하는
'이란 핵 합의'에
동의했다.

2013년
온건파
'하산 로하니'가
이란 대통령에
취임했고

그런데
이후 미국
대통령이 된
트럼프는
2018년

이란 핵 합의에는
결함이 있다며
탈퇴를 선언하고
이란에
경제 제재를
재개했다.

이란과 미국의
긴장 관계는
다시
고조되었다.

오늘 애플은 핸드폰의 새로운 역사를 쓰겠습니다.

스티브 잡스
애플 최고경영자

2007년 1월 스마트폰 iPhone이 발표되었다.

한편 호황이 계속되던 2000년대 미국

이 무렵부터 인류가 취급하는 정보량이 늘어나면서 '정보 폭발 시대'를 맞이한다.

이를 계기로 외부에서도 인터넷을 사용할 수 있는 스마트폰은 전 세계로 빠르게 보급되었고

지에, 우리 예쁜 딸!

겐, 얌전히 있어야지.

철

컥

둘째는 여자 아이다!

응애

응애

응애

응애

응애

2007년 5월 미국 시애틀

OK! 지에 좀 재워 줘.

겐 목욕 좀 시켜줘!

다음은 지역 소식 입니다.

2007년 7월 미국

토니!

사람이 많이 거주하는 곳입니다.

최근 XX 타운은 서브프라임 모기지론으로 주택을 구입한

그동안 내 집 마련을 포기했던 많은 사람이 몰려들었다.

그중에서도 저소득자에게 주택 자금을 대출해 주는 '서브프라임 모기지론' 상품이 인기가 많았다.

미국은 2001년 이후 금융 규제가 완화돼 호황을 누렸다.

글쎄… 저건 좀 위험할 것 같아.

우리도 서브프라임 모기지론으로 대출 받아서 집 살까?

158

저기에는 함정이 있어…

상환 초기 몇 년은 저금리지만 중간부터는 갑자기 올라.

그건 아니지!

상환 신용도가 낮게 책정된 저소득층, '서브프라임' 고객에게 빌려주는 주택 담보 대출이다.

SUB PRIME LEND ING

서브프라임 모기지론 상품은 신용도가 좋은 '프라임' 고객보다는

깡총

깡총

다시 낮은 금리로 상환을 시작하는 거야…

그래서 다들 금리가 오르기 전에 차환하고

주택담보대출 A

주택담보대출 B

주택담보대출 C

대출금이 회수되지 않으면 은행은 담보한 집을 비싸게 팔면 그만이래.

얼마 전까지 집값은 계속 올랐으니까.

SOLD

HOME FOR SALE

주택을 담보로 대출해준 은행은 괜찮은 거야?

앞으로 그런 사람이 더 나올 수 있어.

주택 가격이 작년부터 한계점에 달해 차환이 어려워졌어.

초기에 차환할 엄두조차 내지 못했고

결국 금리가 올라서 집을 내놓았대.

그러고 보니 얼마 전에 친구가 그 대출을 받았어. 하지만…

금융시장 전체가 연관된 거야?

그걸 투자 은행이 사서 또 팔고, 이번에는 전 세계의 투자가와 헤지펀드※2가 사서…

게다가 이 대출 이율이 높으니까 채권화※1 하고

※1 빌려준 돈을 받을 권리인 '채권'을 금융 상품으로 발매하는 것
※2 다양한 거래 기법으로 위험을 최대한 피하고 이익을 추구하는 투자 기관

주택 가격의 폭등을 막고자

9월, 미국 연방 준비 이사회(FRB)가 금리를 내리면서 주택 가격이 급격히 떨어졌다.

그런 대화를 나누던 2007년 여름

이건 일본의 거품 경제와 비슷한 구조야…

무슨 일이 생기면 큰 영향을 받을 것 같아.

2008년 11월,
G7 회원국인
7개국에
신흥시장 국가를
포함한
총 20개국의
정상들이 모여

G20 정상회의를
열었다.
주요 안건은
경제 위기에 대한
대책 논의였다.

이 도산으로
시작된
금융 위기를
'리먼
브라더스
사태'라고
부른다.

2008년 9월 15일
미국의 대형 증권회사
'리먼 브라더스'가
약 6백 60조 원이라는
사상 최대의
부채를 안고 도산했다.

경제 세계화의
물결 속에서
유럽과 아시아를
비롯한
세계 금융시장에
심각한 영향을
주었고,

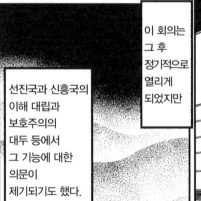

이 회의는
그 후
정기적으로
열리게
되었지만

선진국과 신흥국의
이해 대립과
보호주의의
대두 등에서
그 기능에 대한
의문이
제기되기도 했다.

'세계 금융
위기'
사태가
일어났다.

공화당
조지 W. 부시
대통령에 대한
국민의 비판은
높아졌다.

미국에서는
경제 불황,
결말이 전혀
보이지 않는
이라크의
상황 등

"CHANGE"
라는
슬로건을
내세우며
이목을 끈
인물은

그런 가운데
2008년에
시작된
미국 대통령
선거전에서

드디어
미국에도
변화의
분위기가!

아프리카계
미국인
'버락 오바마'
민주당
후보였다.

버락 오바마
민주당 대통령 후보

163

무엇보다도 나라의 일이 제일 중요하다!

존 매케인
공화당 후보

한편 부시 뒤를 잇는 공화당 후보는 해군 출신의 매케인이었지만

미국의 진정한 힘은 군사력이나 재력이 아닌

민주당의 오바마 후보가 흑인과 히스패닉 등 소수층의 마음을 사로잡아

민주주의, 기회의 균등, 희망이라는 이상에서 시작됩니다.

2009년 사상 최초로 아프리카계 흑인 대통령이 탄생했다.

이것은 미국의 진정한 재능입니다. 우리는 할 수 있습니다!

미국뿐만 아니라 세계가 모두 주목하고 있어. 무서울 정도로!

확실히 흑인 대통령의 탄생은 기념비적이야.

'세계의 경찰관'이라는 미국의 위상은 포기했다.

테러와의 전쟁은 유지하면서도

오바마 대통령은 이라크에서 미군을 철수했다.

2003년부터 2011년까지 이 전쟁으로 인해 50만 명 이상의 이라크 국민이 희생된 것으로 추정된다.

2011년 12월 15일 오바마 대통령이 이라크 전쟁 종전을 선언한 다음에

그 중 60% 이상이 총격, 폭파, 공습 같은 직접적인 공격에 의해 목숨을 잃었다.

비로소 미군은 완전히 철수했다.

미국이 테러와의 전쟁에서 내세웠던 목표인
'이라크의 민주화'는 이뤄냈을까?

타
닥

타
닥

탁

이라크의 정세가 안정되었던 시기도 있었지만
결과적으로 이라크 전쟁은 IS의 등장으로 이어졌다.

NEWS 이라크 침공을 지지하고 파병했다.
영국의 블레어 전 수상 국회에서 책임

미국의 이라크 침공을 지지하고 지원한
영국의 '토니 블레어'※ 전 총리도
오랫동안 국회에서 그 책임을 추궁당했다.

※ 2015년, 토니 블레어 전 총리는 영국군의 이라크 전쟁 파병에 대해 사과함

빠
빵

빠
앙

그중
에서도
중국은

Brazil	브라질
Russia	러시아
India	인도
China	중국
+ South Africa
남아프리카 공화국	

리먼 브라더스
사태 이후,
세계 경제
분야에서는
'BRICs'가
주목 받았다.

2003년 이후로
연평균 10% 이상의
경제 성장률을
보였으며,
이로 인해
수출입액 역시
단번에 증가했다.

2011년,
남아프리카
공화국이
가입하면서
'BRICS'로
표기가
변경되었다.

이는
신흥경제국인
브라질, 러시아,
인도, 중국의
머릿글자를
따서 지은
이름이다.

166

2008년에 개최된 베이징 올림픽은 중국 경제 발전을 상징하는 이벤트였다.

베이징 올림픽 개회를 선언합니다.

후진타오
중국 국가주석

베이징 올림픽 개막 직후 리먼 브라더스 사태가 일어나 중국 경제도 큰 타격을 받았지만…

중국은 1990년대 초반부터 개혁·개방 노선을 취하며 시장원리를 도입한 '사회주의 시장경제 체제'를 추진했다.

시장 원리의 강화를!

장쩌민
중국 국가주석

해외 투자 증가와 2001년 12월의 세계무역기구 (WTO) 가입을 계기로

나라가 관세에 간섭하지 않는 자유무역이 추진되었다.

경제 레이스

2010년, 중국은 일본을 뛰어 넘어 국내총생산(GDP) 2위의 경제 대국으로 우뚝섰다.

중국은 거액의 경제 대책을 추진해 빠르게 회복했다.

미국, 유럽, 일본이 경제 면에서 괴로워하는 가운데

한편 환경 오염, 경제 격차, 정치 부패, 인권 억압의 문제가 드러났다.

국내외 에서는 비판의 목소리가 들려왔다.

오늘은 열두 시간 쭉 선 채로 근무야.

취업 연령 16살? 저는 15살 이에요.

16세 미만의 근로자 고용, 주 60시간을 초과한 노동 법률 위반이 있었다고 밝힌 것이다.

아동을 고용 했으며, 강제적인 장시간 노동이 있었다고 인정했다.

2010년, 다국적 기업 '애플'은 중국을 비롯, 아시아의 공장에서

중국은 경제와 함께 군사력 강화에도 힘을 쏟았다.

특히 압도적인 해군력을 바탕으로, 남중국해에 있는 스프래틀리 군도 및 파라셀 제도의 영유권을 주장했다.

이로 인해 주변 국가인 베트남, 필리핀, 대만, 브루나이, 말레이시아와 분쟁을 벌였다.

중국이 남중국해의 안전을 위협하는 것은 ASEAN의 중대한 문제다!

아니, 이 문제는 중국과 ASEAN의 문제가 아니야.

국가끼리 개별적으로 의논하자!

중국

이와 관련해 ASEAN 회원국들이 2010 베트남 하노이에서 열린 지역 안보 포럼에서 중국을 향해 비난을 쏟아냈다.

2009년부터 중국과 그 주변국이 서로 상대 국가의 어선을 나포하는 사건이 잇따르면서 영토에 대한 긴장이 고조되었다.

남중국해 갈등은 당사국만의 문제가 아닌 지역 문제다!

동남 아시아 측에 섰다.

오카다 가쓰야
일본 외무성

항행의 자유를 요구하는 점에서 미국 또한 당사자다.

미국과 일본도 이 문제에 관심을 가지고,

힐러리 클린턴
미국 국무장관

그 후 불과 1개월 반이 지난 2010년 9월 7일

센카쿠 열도 해역에서 일본 해상보안청의 순시선에 중국 어선이 고의로 충돌했다.

하지만

쩌엉

촤아아

그곳은 일본의 배타적 경제수역※1 이었다. 일본은 중국인 선장을 체포했고,

선장을 즉각 석방해야 한다.

그러지 않으면 가만 있지 않겠다!

이에 대해 중국은 반발했다.

석방할 때까지 일본에 희토류※2 수출을 금지한다!

※2 첨단기술 제품의 필수 소재이며, 중국 수입에 의존하는 일본, 산업계가 큰 타격을 받았음

원자바오
중국 총리

※1-어업 및 해양 자원에 대한 권리를 갖을수 있는 바다 구역

일본 정부의 저자세와 중국의 대외 강경 대응에 전 세계의 이목이 쏠렸다.

그러던 중 일본은 9월 24일 선장을 석방했다.

센카쿠 열도의 시정권^{*3}은 일본에게 있고, 이 사건은 미일 안전보장 조약의 대상이 된다고 밝혔다.

※3 신탁 통치 지역에 대해 입법, 사법, 행정권을 가지는 권한.

이 사태를 두고 미국은 일본 편에 서서

2012년 11월부터 시진핑 당시 중국 공산당 총서기는 '해양 강국 건설'을 내세웠다.

이 무렵부터 중국은 첫 항공 모함을 취항하는 등 군사력의 강화에 한층 더 신경썼다.

시진핑
중국 공산당 총서기

우리나라의 해양 사업은 사상 최대의 발전기에 들어섰습니다.

오천 년 역사의 바통을 이어받아

일본 미야기현 센다이시 사토 집안 2010년 섣달 그믐날

중국의 위대한 부흥을 위해 또 인류를 위해 책임을 다하겠습니다.

일본 쌀, 생선, 술 다 맛있어요.

일본어 많이 늘었네!

센다이에서는 섣달 그믐날에 찰가자미 조림을 먹어.

유코 씨! 우리 다이스케 잘 부탁드립니다.

네, 알고 있어요.

켁득

머리는 참 똑똑한데

잘 치우지도 않고, 밥도 잘 흘리고 생활면에서 문제가 많아요….

흥미 진진

타악

와앗

가락

172

올해도 우리 가족 모두가 아무 탈없이 잘 보내서 너무 기뻐.

2011년도 평화로운 한 해가 되길….

제 4 장 세계와 사람들의 미래

일본에서 역대급 지진이 일어났습니다.
일본과 파푸아뉴기니에
쓰나미 경보가 발령되었으며….

2011년 3월 11일
오후 2시 46분경
전대미문의 대지진※이
일본 동북 지방을
강타했다.

※ 정식 명칭은 '도호쿠지방 태평양
해역 지진'. 우리나라에는 '동일본
대지진'으로 더 많이 알려져 있음.

진원지는
산리쿠 해역이었으며
리히터 규모 9.0,
최대 진도 7로
일본 관측 사상
최대였다.

술렁

술렁

술렁

아빠,
엄마는
무사해?

뭐…?
대지진
…?

모르
겠어.

전화 회선이
끊긴 것 같아.
연결이 안 돼.

와
당
탕

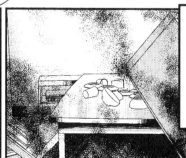

같은 시각.
일본
미야기현
센다이시
도모코의
친정

175

우리 집은 바다 쪽과 꽤 멀어서 괜찮을 것 같지만 만일을 대비해 마을 회관으로 피합시다.

대쓰나미 경보래요!

여진이 엄청나!

띠리링 띠리링 띠리링

고 고고고

씨아아

게다가 화재까지 발생해 피해는 더욱 불어났다.

지진이 일어난 후 쓰나미가 덮쳤다.

특히 후쿠시마 제1 원자력 발전소에서

전원 미공급으로 원자로를 냉각할 수 없게 되면서 '멜트다운'이 발생했다. 최악의 원자력 사고가 일어난 것이다.

176

응, 정말 다행이야…

정말? 다행이다.

엄마, 아빠 모두 무사하대!

연락이 왔어!

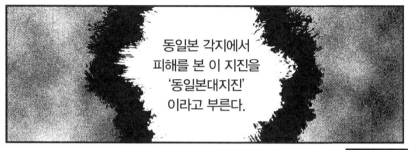

동일본 각지에서 피해를 본 이 지진을 '동일본대지진' 이라고 부른다.

사실 당장이라도 일본으로 돌아가고 싶어.

하지만 지금은 현지도 매우 혼란스럽고 가봤자 방해만 될 것 같아.

꽈악

지진과 쓰나미, 후유증으로 1만 9천 명 이상이 사망했고,

행방 불명자는 2천 5백 명에 달했다.

바로
'아랍의 봄'이다.

중동과
북아프리카
지역에서
전례 없는
대규모
민주화 운동의
물결을
일으켰다.

덜커덕

허가도
받지 않고
장사하다니!
압수해!

2010년
12월 17일
튀니지
시디 부
사이드

여러 나라로
퍼져나간
민주화의 물결은
튀니지에서의
사소한
사건으로부터
시작되었다.

철컥

알 게
뭐야!

앗!

뇌물?
그럴 돈
없어요!
돌려
주세요!

이게
무슨
짓
이에요!

돌려받고
싶으면...
어떻게
해야
하는지
알지?

경찰관이 당연하게 뇌물을 요구하다니. 이 나라는 뿌리부터 썩었어…

튀니지를 비롯한 많은 아랍 국가에서 오랫동안 독재 정권이 지속되면서

권력의 부패, 빈부격차, 높은 실업률이 국민들을 괴롭혀왔다.

야….

저거 휘발유 아니야?

불이다!

찰칵

2010년 12월 17일, 경찰 단속에 항의하며 한 청년이 분신자살을 시도했다.

특히 높은 실업률 때문에 젊은이들 사이에서 불만이 높아졌고

facebook

Mur   Infos

이 사건에 관한 내용이 페이스북에 게시되면서

순식간에 튀니지 전역으로 퍼져나갔다.

🖒 30 personnes aiment ça.

💬 Afficher les 70 commentaires

180

벤 알리 대통령은 즉각 사임 하라!

민중은 정권 교체를 원한다!

분노한 민중이 잇따라 목소리를 높였고, 그것이 모여 대규모 시위로 발전했다.

우리의 승리다!

대통령이 망명했다!

정권 타도!

페이스북, 트위터 같은 SNS가 민중을 연결했다.

독재 정권을 무너뜨리고 민주화를 일으킨 최초의 사건이었다.

이 사건을 튀니지를 대표하는 꽃인 재스민에 빗대어 '재스민 혁명'※ 이라고 부른다.

23년에 걸친 독재 정권은 무너졌다.

2011년 1월 14일, '벤 알리' 대통령이 국외로 망명하면서

※ 정식 명칭은 '튀니지 혁명'

181

와아

와아

시리아

리비아

요르단

사우디
아라비아

이집트

수단

재스민 혁명을
계기로
도미노가 쓰러지듯
중동과
북아프리카에
민주화의 물결이
퍼져나갔다.

첫 번째
주자는
이집트였다.

끄응
….

튀니지 대통령
망명 후
11일이 지난
1월 25일,
이집트에서는
대규모 반정부
시위가 일어나

우

우
우

고개를
들어라!

민중은
정권
교체를
원한다!

2월 11일
마침내
무바라크
대통령이
사임했다.

1981년 취임 이래
30년 동안 계속된
무바라크 정권은
맥없이
붕괴되었다.

우
르
르

2월 1일에는
1백 만명의
인파가
몰려들었다.

튀니지

리비아

이집트

이집트에서 무바라크 정권이 무너질 무렵부터

이웃 나라 리비아에서도 반정부 운동이 활발해져 갔다.

군사 독재 정권이 40년 이상 이어진 리비아에서는

민중과 정부군의 충돌은 길고도 격렬했다.

무력으로 제압하라! 반란에 가담하는 자는 배신자다!

무아마르 알 카다피
리비아 지도자

튀니지나 이집트와 달리 독재자 카다피의 지배체제가 견고했다.

이밖에도 예멘, 알제리, 모로코 등 여러 나라에서 민주화를 요구하는 시위가 일어났다.

두 달 후 카다피는 반정부파에 의해 살해되었다.

NATO는 군사 개입해 리비아 국민을 보호했으며, 8월, 리비아 수도인 '트리폴리'를 함락했다. 카다피 정권의 최후였다.

민중이 일으킨 반정부 운동을 '아랍의 봄'이라고 부르는데, 이는 1968년 체코슬로바키아 전역을 흔든 '프라하의 봄'에 빗댄 말이다.

혁명 이후, 튀니지는 10월에 처음으로 자유 선거를 실시하며 민주화를 이뤄냈으나

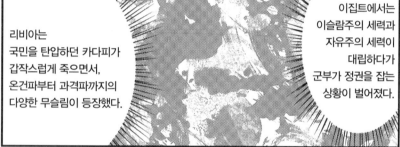

이집트에서는 이슬람주의 세력과 자유주의 세력이 대립하다가 군부가 정권을 잡는 상황이 벌어졌다.

리비아는 국민을 탄압하던 카다피가 갑작스럽게 죽으면서, 온건파부터 과격파까지의 다양한 무슬림이 등장했다.

민중의 힘으로 일으킨 '아랍의 봄' 이지만, 많은 나라에서 분쟁과 내전이 빈번하게 일어났고

어수선한 가운데 이슬람 과격파 조직이 등장하는 등 많은 숙제를 남겼다.

184

잘 할 수 있을까?

튀니지에 들어선 새 정부가 꽤 괜찮아 보여.

재스민 혁명으로부터 시작된 아랍의 봄…

2011년 5월 도모코가 다니는 뉴스 통신사

오히려 후퇴하지 않았나요?

이집트는 결국 군이 실권을 잡았어….

오사마 빈 라덴이 사살됐다!

큰일 났어!

어쨌든 우리는 그 사실을 보도하고 전할 뿐이야.

그러지 않았다면 리비아처럼 UN이 힘으로 개입하는 사태가 벌어졌을 수도 있었죠.

하지만 군이 반정부 세력을 도왔기에 무바라크 정권이 무너졌죠.

2011년 5월 1일
오바마 대통령은
'오사마 빈 라덴'이
미군 특수부대에 의해
사살되었다고
발표했다.

테러로
사랑하는
가족을 잃은
모두에게
전합니다.

오늘 밤
정의가
이루어
졌습니다.

빈 라덴을 죽여도
언젠가 제2, 제3의
빈 라덴이
또 나타나겠지…

하지만
이것으로
9·11 테러가
끝났다고
생각하지
않아.

그해,
오바마
대통령은
이라크에서
미군을
철수했고

나도
그렇게
생각해.

이는 대규모의 '전쟁'에서 '고도 경계태세의 일반화'로 상황이 바뀌었음을 의미했다.

미국은 10여 년간 이어진 테러와의 전쟁을 조용히 끝내고 있었다.

아프가니스탄의 미군도 단계적으로 철수할 것을 약속했다.

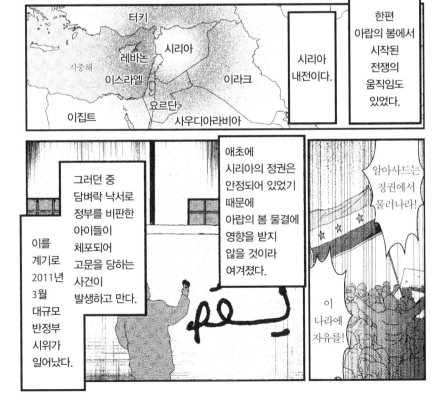

터키

레바논   시리아

지중해   이스라엘

이집트   요르단   사우디아라비아

이라크

시리아 내전이다.

한편 아랍의 봄에서 시작된 전쟁의 움직임도 있었다.

그러던 중 담벼락 낙서로 정부를 비판한 아이들이 체포되어 고문을 당하는 사건이 발생하고 만다.

이를 계기로 2011년 3월 대규모 반정부 시위가 일어났다.

애초에 시리아의 정권은 안정되어 있었기 때문에 아랍의 봄 물결에 영향을 받지 않을 것이라 여겨졌다.

알아사드는 정권에서 물러나라!

이 나라에 자유를!

바샤르 알아사드 대통령은 2000년, 34살의 젊은 나이에 시리아 대통령에 취임했다.
30년 가까이 독재체제를 구축한 아버지, '하페즈 알아사드'의 뒤를 이은 결과다.

무력 진압이 최선인가….

시위 규모가 나날이 커지고 있습니다!

시리아 대통령 관저

바샤르 알아사드
시리아 아랍 공화국 대통령

런던에서 유학 중이던 바샤르가 급히 귀국해 자리를 이어받았다.

원래 맏형 바셀이 후계자가 되어야 했으나, 1994년 교통사고로 사망했기 때문에

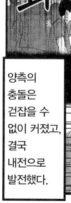

와 아 아 아

정부는 민주화 운동 집단을 가혹하게 탄압했고, 반정부 세력은 무장으로 맞서 싸웠다.

양측의 충돌은 걷잡을 수 없이 커졌고, 결국 내전으로 발전했다.

안보리를 열어 미국과 유럽의 의견을 수용해 시리아 제제 결의안을 검토했다.

이 사태에 대해 UN은

시리아 정부에 반정부 시위 탄압 중단을 경고합시다!

무력 개입의 가능성을 열어 두고 아사드 대통령을 고립시킵시다!

UN 빌딩
뉴욕

남아프리카 공화국과 인도는 결의를 기권했다.

리비아 사태를 생각해 보십시오. NATO 공습은 피해야 합니다.

그러나 러시아와 중국은 거부권을 행사했으며

결의안은 결국 부결 되었다.

비탈리 추르킨
러시아 유엔 대사

189

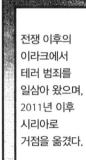

전쟁 이후의 이라크에서 테러 범죄를 일삼아 왔으며, 2011년 이후 시리아로 거점을 옮겼다.

IS는 이슬람교 수니파 무장 단체로

이 시기의 시리아에서 이슬람 과격파 단체인 IS가 등장했다.

액션 영화처럼 웅장한 영상은 현실에 불만을 가진 전 세계의 젊은이를 매료시켰다.

이 순간에도 어딘가에서 이슬람 세계의 적과 싸우는 영웅이 있다.

너도 이 지하드에 참가해 보는 거야!

IS는 인터넷 미디어 매체를 활용해 세련된 홍보활동을 펼쳤고,

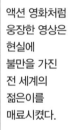

이게 정말 현실에서 일어나는 일인가….

또한, 여러 나라의 언론인과 인도 지원 활동가들을 인질로 잡아 몸값을 요구했으며,

어려서부터 IS에 세뇌되어 병사가 된 어린이와

협상이 결렬돼 살해당하는 일도 있었다.

생명의 위협을 받아 IS에 가담한 이도 있었다.

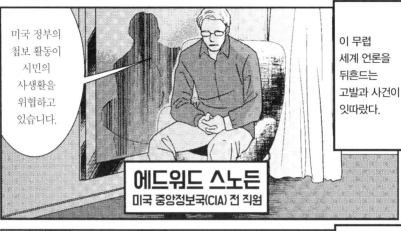

미국 정부의 첩보 활동이 시민의 사생활을 위협하고 있습니다.

이 무렵 세계 언론을 뒤흔드는 고발과 사건이 잇따랐다.

에드워드 스노든
미국 중앙정보국(CIA) 전 직원

평범한 미국 시민이 무슬림이라는 이유만으로 감시 대상이 되고,

탐사 보도를 하는 언론인들이 국가를 위협하고 있다고 여기죠.

미국 중앙 정보국에서 근무했던 에드워드 스노든은

미국이 전 세계의 인터넷과 전화를 도청했다고 폭로했다.

2013년 6월, 영국과 미국의 신문에 보도된 이 폭로는 전 세계의 이목을 끌었다.

으악!

누구냐!

따

따

우당탕

따

따

쾅

앙

탕

CHARLIE HEBDO

그로부터 1년 후, 표현의 자유를 억압하는 사건이 벌어졌다.

프랑스 파리. 샤를리 에브도 신문사

2015년 1월 7일, 이슬람 과격파로 추정되는 남성 두 명이 프랑스의 신문사, '샤를리 에브도'의 편집부를 습격해

테러범들은 모두 도망쳤으나, 이틀 후 파리 외곽의 인쇄 회사에서 인질극을 벌이다

프랑스 특수부대에 의해 사살되었다.

사무실에 있던 만화가와 기자 등 열두 명을 살해했다.

이 사건은 폭력을 이용해 표현의 자유를 억압하는 것이었기에 유럽 전역은 큰 충격에 빠졌다.

샤를리 에브도가 이슬람교 예언자인 무함마드를 소재로 풍자화를 그렸다는 것이 테러의 이유였다.

우리 언론계에 충격적인 일이 일어났어.

그렇다고 테러리스트의 의도대로 위축되지는 않을 거야.

……

1월 11일, 프랑스 전역에서 3백 70만여 명이 거리로 나왔다. 사람들은 희생자를 애도했고, 폭력에 항의하는 행진을 벌였다.

하지만 '샤를리 에브도'의 도발적인 풍자화에 불쾌함을 느낀 사람도 많았어.

이 테러를 계기로 이슬람에 대한 적대감과 뿌리 깊은 반이민 감정이 곪아 터진 것이다.

그 자유가 어디까지 지켜져야 하는지, 사람들에게 물어보고 나 역시도 생각해 봐야겠어.

'표현의 자유'란 뭘까.

유럽에 이민 온 이슬람교도를 차별하고 박해하는 사회도 문제가 있고.

이러한 경향은 계속 되고

2015년 선진국의 테러로 인한 사망자 수는 전년도보다 7.5배 급증했다.

이 무렵부터 이슬람 과격파의 도시 테러가 더욱 심해졌다.

2016년 7월 1일, 방글라데시의 한 레스토랑에서 피습 사건이 벌어지고 만다. 이슬람 과격파 조직원 7명의 소행이었다.

현장에 있던 일본인 7명, 범인, 경찰, 민간인 등. 총 28명이 사망했다.

미국 출신 가수 '아리아나 그란데'의 공연장에서 이슬람 과격파의 자폭 테러 사건이 일어나

2017년 5월 22일 영국 맨체스터 에서는

범인을 포함, 23명이 사망하고 59명이 중상을 입었다.

194

시리아 북부의 대도시이자 세계에서 가장 오래된 도시, '알레포'도 내전으로 황폐해졌다.

세계 유산에 등재된 고대 유적, 중세 과학, 역사적 모스크로 가득하던 아름다운 도시는 처참하게 무너졌다.

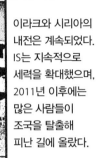

이라크와 시리아의 내전은 계속되었다. IS는 지속적으로 세력을 확대했으며, 2011년 이후에는 많은 사람들이 조국을 탈출해 피난 길에 올랐다.

저렇게 먼 곳까지 갈 수 있을까.

독일은 주택과 식량도 제공한대.

더는 못 살겠어. 이곳은 시리아의 서북부니까. 북쪽으로 걸어가 터키로 빠져나가자.

터키는 유럽 출신 난민들만 난민으로 인정하는걸….

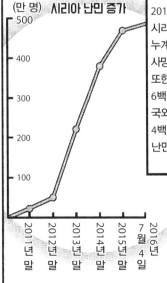

(만 명) **시리아 난민 증가**

```
500 ─
      ┌─────────────●─────────●
400 ─          ╱
             ╱
300 ─      ●
          ╱
200 ─   ●
       ╱
100 ─ ╱
     ●
  ───●──┴────┴────┴────┴────┴──
   2011  2012  2013  2014  2015  2016
   년    년    년    년    년    년
   말    말    말    말    말    7
                               월
                               4
                               일
```

2016년, 시리아에서는 누계 25만 명이 넘는 사망자가 발생했다. 또한, 국내에서 6백 60만 명, 국외에서 4백 80만 명의 난민이 발생했다.

터키를 지나 독일로 가자. 인터넷에서 봤어. 독일은 모든 난민을 받아준다고 하더라.

시리아 난민의 탈출 경로는 두 가지였는데, 첫 번째는 터키에서 육지로 유럽까지 가는 발칸 경로,

두 번째는 배를 타고 지중해를 건너는 지중해 경로다.

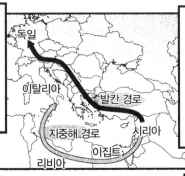

독일

이탈리아

발칸 경로

지중해 경로

이집트

리비아

시리아

이슬람 국가인 걸프 산유국들은 난민 수용에 소극적이었다. 이와 같은 이유로 상당수의 난민은 유럽을 향해 피난을 떠났다.

적정 탑승 인원을 초과한 보트는 무게를 이기지 못해 가라앉기가 부지기수였고, 이로 인해 많은 사람이 목숨을 잃었다.

이렇게 작은 배에 이 많은 사람이 전부 다?

지중해 경로로의 탈출을 돕는 브로커들은 거의 밀항업자였다. 환경은 열악했고, 인신매매가 일어나기도 했다.

헌법이 보장하는 인간의 존엄성을 반드시 지키겠습니다.

독일은 시리아 난민을 받아들여

이들이 목표로 삼은 곳은

2015년에 유럽 전체가 수용한 난민 인구 중 독일이 받아들인 비율은 48%에 달했다.

인도적인 이유로 많은 난민을 수용한 독일이었다.

앙겔라 메르켈
독일 총리

196

난민 증가로 인한 치안 악화를 걱정하는 사람도 많았다.

난민 중에 범죄자도 섞여 있대….

소곤

소곤

테러가 일어날까봐 무서워.

한편, 독일에서는 난민으로 위장한 이슬람 과격파 단체가 테러를 일으킬지도 모른다는 불안의 여론이 조성되었다.

독일 정부 역시 예상보다 빠른 난민 증가 속도에 현실적인 대처 방법을 고민해야만 했다.

난민 수용 정책을 비판하는 시위가 독일 각지에서 일어났고

이 난민 위기를 포함해 많은 문제로 골치를 앓는 유럽, 그리고 EU는 통합의 방향을 찾아 나감에 있어 어려움을 겪고 있다.

난민 증가로 인한 사회 취약 계층 보호 제도 마련 문제와 국경의 보안 위기를 통틀어 '난민 위기'라고 부른다.

EU란 곧 독일이다.

그곳에 남아 있을 이유가 없다!

보리스 존슨※2
전 런던 시장. EU회의파

그 어려움을 상징하는 사례가 '브렉시트'※1다. 2016년 6월, 영국은 EU 탈퇴 문제를 놓고 국민투표를 진행했다. 그 결과, 탈퇴가 최종 결정되었다.

※1 영국(Britain)과 이탈(Exit)을 조합한 단어. 영국의 EU 탈퇴를 의미함
※2 2019년에 영국 총리에 오르는 인물

그러나 실질적으로 EU 탈퇴파가 급증한 이유는 리먼 브라더스 사태 이후, 경제 침체로 인한 지방과 도시 간의 빈부격차 때문이었다.

사실 EU에 가입할 당시부터 반대의 목소리는 꾸준히 있었다.

EU 투자 때문에 물가만 자꾸 오르잖아! 이대로라면 연금만으로는 생활할 수 없어.

이민자 에게 일자리를 빼앗 기다니.

난민 사이에 테러리스트라도 있다면…?

게다가 급증하는 이민자와 난민 수용 문제는 국민들의 불만에 불을 지피기에 충분했다.

영국은 몇 차례의 연기 끝에 2020년 1월 31일, EU에서 탈퇴했다.

협상 중이던 EU와 영국 간의 자유무역 협정도 같은 해 12월, 합의에 이르렀다.

2010년대 중반부터 유럽과 미국에서는 포퓰리즘※3이 새로운 정치 행태로 떠올랐다.

※3 대중영합주의. 대중을 중시해 그들의 의견에 따라 움직이는 정치 사상 및 활동을 가리킴

기성 정치와 체제에 대한 불신을 기반으로

쟁점과 해결책만을 단순화해 말하는 선동적인 리더가 대중의 지지를 얻는 것이 포퓰리즘의 특징이다.

이민 정책의 규제가 필요해요.

보호무역을 추진하자.

이들은 반이민 정책과 반EU를 내세워 자국 경제와 국민이 우선이라는 '내셔널리즘'을 주장했다.

일부 유럽 국가 중에는 극우 정당이 우세한 곳도 있었다.

미국 제품을 사고 미국인을 고용합시다!

앞으로는 두 가지 규칙을 따릅시다.

2016년 11월, 공화당의 '도널드 트럼프'가 미국 대통령에 당선되었다.

선거 득표수에서는 클린턴이 이겼으나, 선거인단 획득에서 트럼프가 역전하며

엄마 밥 안 먹어?

그리고 그 불만의 근원은 이민자와 경제 정책에 있다는 점이 영국의 브렉시트 때와 비슷했다.

도널드 트럼프의 당선 배경에는 '푸어 화이트'라는 백인 저소득층이 자리 잡고 있었다. 이들이 가진 정치와 현실에 대한 불만이 트럼프에게 힘을 실어준 것이다.

예상치 못한 일이라 조금 멍해졌어.

그게…. 도널드 트럼프가 미국 대통령에 당선됐거든.

그게 뭔데?

미안 미안.

조금 놀랄 만한 일이 있었어.

2017년
여름
센다이시

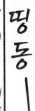

띵동—

다카하시

실례합니다. 교수님의 제자 사토라고 합니다.

아버지의 제자분 이시군요.

지진 재해에서는 멀쩡하게 살아남았는데, 심장이 좋지 않아서….

교수님. 이제야 저 역시도 역사의 목격자라는 걸

깨달았어요.

다카하시 교수님. 오랜만에 뵙겠습니다.

지진 났을 때 자원봉사로 흙투성이가 된 사진을 복구하는 일을 했어.

그 후로도 각지에서 재해로 손상된 사진을 보내 주시더라고.

아빠 이건 뭐야?

시간은 걸리지만 깨끗한 사진으로 돌려받고 기뻐하시는 모습을 보면 나도 너무 기뻐.

최고!

OOOOOO

띠킹

이렇게 보여도 카메라 대기업에서 일하니까 필름 지식도 있고.

로힝야…
복잡한
문제지.

미얀마와
방글라데시의
국경에서 충돌이
일어났나 봐.
로힝야족 난민이
늘어나고 있대.

서둘러
와
달래.

일
이야?

그들의 국적을
인정하지 않고,
2010년대에
들어서는
이동 제한과
선거권 박탈로
차별했다.

불법으로
입국한
외국인
이다.

미얀마
정부는

로힝야족은
방글라데시
인접 지역인
미얀마
라카인주에 사는
무슬림 민족이다.

아주
오래 전부터
대를 이어
사는 사람도 있고
제2차 세계대전
이후에
온 사람도 있겠지.

로힝야라는
명칭도
1950년대부터
부르기
시작했다고
그러더라.
미얀마에서
살았는지도
확실하지가
않아서….

언제부터

미얀마는 불교 국가니까 이 문제에 적극적으로 나설 수 없을 거야.

미얀마 사람들은 무슬림인 로힝야족을 배척하고….

탄압과 차별에 못이겨 주변국으로 탈출하는 난민들이 넘쳐났다.

노벨 평화상을 수상했던 '아웅산 수치' 국가고문조차 국제 사회와 국내 여론을 중재하지 못했고,

이러한 상황에서 로힝야 반정부 무장 세력이 생겨나고

점점 더 많은 난민이 생겨났다.

난민의 수가 어마어마하다. 지원이 부족해.

2016년 이후 미얀마군과의 무력 충돌이 일어나면서

토니 사태 수습은 멀었지만 눈앞에 있는 상황을 진지하게 마주보고 나아가야지.

토니 게이랑 지에는 장인어른 댁에서 즐겁게 겨울방학을 보내고 있으려니.

토니 도모로 쪽은 어때? 그쪽도 많이 힘들지?

토니 당사국 방침이 흔들리고 있어 대처가 힘든 상황이야.

맞아.

2017년 말 시리아 라카

2017년 10월, IS가 거점으로 삼은 시리아 북부의 도시, '라카'가 반정부 세력에 의해 제압되었다.

현장은 오랜만이네.

당시 시리아는 알 아사드 정권, 반정부 세력, IS가 한곳에 모여 삼파전을 벌이는 중이었다.

이 광경을
세계에
전하자.

상황을
알아야만
바꿀 수
있다.

러시아, 터키,
이스라엘,
이란 등
주변국이
개입하면서

시리아는
군사에서 외교로
눈을 돌렸지만
혼란의 끝은
보이지 않았다.

반정부 세력도
점차 기세가
꺾이는 가운데

시리아 북부로
세력을 넓혔던
IS는 거의
제압되고

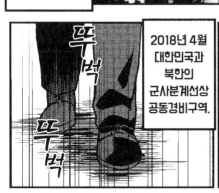

뚜
벅

뚜
벅

2018년 4월
대한민국과
북한의
군사분계선상
공동경비구역.

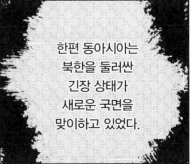

한편 동아시아는
북한을 둘러싼
긴장 상태가
새로운 국면을
맞이하고 있었다.

남측으로 오시겠어요?

대립의 최전선을 상징하는 곳에서

남북 정상이 만났다.

김정은
북한 조선노동당 위원장

문재인
대한민국 대통령

나는 언제쯤 넘어갈 수 있을까요?

척

1945년, 한반도 분단 이후 북한 최고지도자가 남한 땅을 밟은 건 이번이 처음이었다.

2018년 4월, 이날 열린 남북정상회담은 약 11년 만에 성사된 것으로

이 자리에서 남북의 두 정상은 남북공동선언인 '판문점 선언'을 발표했다.

그럼 지금 넘어가 볼까요?

미국의 트럼프 대통령과 북한의 김정은 노동당 위원장이 만났다.

그리고 2018년 6월12일

사상 첫 북미 정상회담이 싱가포르에서 열렸다.

도널드 트럼프
미국 대통령

북한의 체제 보장을 약속하지요.

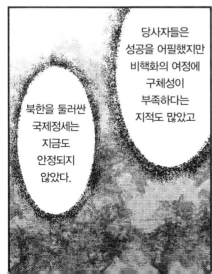

당사자들은 성공을 어필했지만 비핵화의 여정에 구체성이 부족하다는 지적도 많았고

북한을 둘러싼 국제정세는 지금도 안정되지 않았다.

김정은
북한 조선노동당 위원장

한반도 비핵화에 대한 미국의 결의를 확인 했습니다.

이미 아시아를 넘어 세계로 존재감을 넓혀 가는 중국이다.

아시아 국가 중 미국과 외교적으로 마찰을 빚는 나라가 있었다.

세계 경제의 정상인 두 나라가 무역마찰을 빚는 사태는 생각보다 심각했다.

1위는 단연 미국이다.

2010년에는 GDP 세계 2위의 경제 대국이 되었다.

정치와 군사, 그리고 경제 부분에서도 '강국'을 지향하겠다고 밝혔다.

짝

짝

짝

2012년에 중국의 최고지도자 자리에 오른 '시진핑' 국가주석은

그러나 '강국' 정책은 곳곳에서 충돌을 빚었다.

이번 세기 중반까지 사회주의 '현대화 강국'을 건설하겠다.

시진핑
중국 국가주석

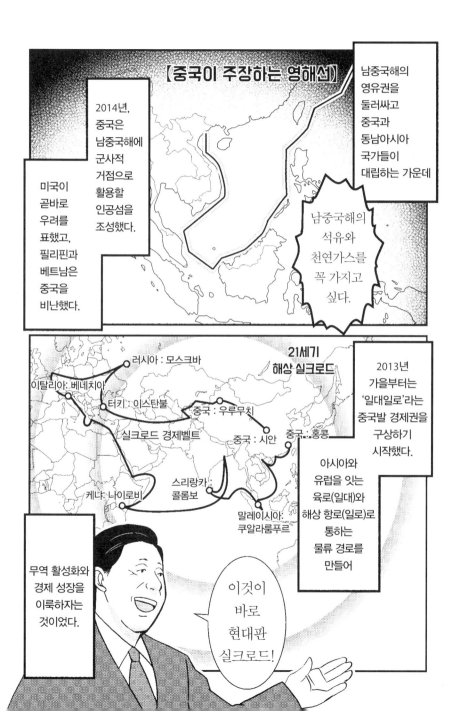

미국은 이 지역에서 존재감을 잃는다며 반발했다.

그러나 중국의 진출 예상 지역은 안전보장상 중요한 거점이 많아 국제 사회의 의심을 샀다.

경로 안에 포함된 나라들은 중국의 투자로 인해 인프라가 정비될 것으로 예상했고, 이 정책을 환영했다.

미국과 중국이 가장 치열하게 대립한 쟁점은 바로 무역 문제였다.

미국과 중국은 서로 최대의 무역 상대국이다. 그러던 중, 미국의 무역수지 적자가 증가하기 시작했다.

2018년, 미국의 대중 무역 적자는 4천 1백 90달러로 사상 최고치를 기록했다.

로봇과 반도체를 비롯한 5백억 달러 규모의 중국 제품에 대해, 25%의 제재 관세를 부과하겠다!

무역 마찰이 겉으로 드러나기 시작한 것은 2018년의 여름부터였다.

그럼 우리도 콩과 자동차를 포함한 5백억 달러 규모의 미국 제품에 25%의 보복 관세를 부과하지!

이쯤 되면 고개를 숙일 줄 알았으나, 중국은 강하게 반발했다.

그 후로도

2천억 달러 규모의 중국산 가구, 가전에 10%의 관세를 부과한다!

그렇다면 우리는 6백억 달러 규모의 액화천연가스에 5~10%의 관세를 부과할 테다!

이들은 서로에게 맞불을 놓으며 수렁에 빠졌다.

그 결과, 양측 다 무역량의 축소가 진행되었다.

2019년 12월 초
중국 '우한'에서
원인불명의
폐렴 환자가
발생했다.

이것이 세계를
팬데믹에 빠뜨린
코로나바이러스
감염증-19의
첫 공식 보고
사례였다.

그리고
2020년,
세계는
큰 위기를
맞았다.

코로나
바이러스
감염증-19
(COVID-19)

이후 중국에서는
2020년 1월
말부터
2월 초까지
감염자 수가
급증했다.

이 감염증은
곧 아시아를 넘어
유럽, 아메리카,
아프리카까지
빠르게
퍼져 나갔다.

각 나라에서는
수칙을 정해
사람의 왕래를
제한했고,

센터 거리

도시에서는
사람의
흔적이
사라졌다.

메에

감염 확대를
막기 위해
사람들은
사회적
거리두기에
동참했다.

접수

1~2m

코로나 감염증은
사람의 모임이
당연하게 여겨지던
사회 구조를
완전히 뒤바꿨다.

영화

일
회사

가정

여행

2020년에 개최 예정되었던 도쿄 올림픽과 패럴림픽도 미뤄졌다.

리먼 브라더스 사태를 넘어, 1929년에 발생한 '세계 공황' 이후 가장 큰 하락세를 보였다.

코로나 감염증의 영향으로 세계 경제는 큰 위기를 맞았다.

그러나 대책을 마련함에 있어 정보 공유 측면 역시 빨라졌기 때문에 전 세계에서 힘을 합쳐 대응해 나가고 있다.

세계화로 인해 과거의 바이러스 감염증보다 퍼지는 속도가 빨랐다.

영국의 존슨 총리와 미국의 트럼프 대통령처럼 국가 정상이 감염되기도 했으며,

※ 흑인의 목숨도 소중하다는 뜻이며, 흑인 인권 탄압에 대항하는 비폭력 시위 조직을 지칭할 때도 사용됨

미국 사회에서 잇따라 발생하고 있습니다.

2012년 트레이번 마틴 살해 사건, 2014년 마이클 브라운 총격 사건….

백인 경찰관에 의해 흑인이 부당하게 구속되거나 살해당하는 사건이

미국 사회에는 백인 우월, 흑인 멸시 사상이 뿌리 깊게 남아 있어.

흑인 차별을 금지하기 위해 공민권법이 제정된 게 1964년인데 반세기가 지난 지금도

그리고 사람들의 역사 의식도 바뀌어 노예제도와 인종차별을 상징하는 역사적 인물의 동상을 철거하려는 움직임이 확산되었다.

전 세계에서 시위가 일어났다.

'블랙 라이브스 매터 운동'은 개인 의식에 그치지 않고 구조적 차별의 문제를 드러내는 데 성공했다.

그 당시 영국을 부유하게 만든 사람이었네.

흐음.

맞아.

콜럼버스? 응? 세실 로즈는 교과서에서 봤어.

아프리카의 많은 지역을 영국의 식민지로 만든 인물이야…

세실 로즈 동상도 철거 결정을…

콜럼버스 동상은 각지에서 쓰러지고

과거를 바라보는 시각이 바뀐 거지.

다른 나라를 힘으로 지배하거나 피부색으로 사람을 차별한 것은 잘못된 거잖아.

지금 시대에서 다시 생각해보면

옛날에는 그 사람의 동상을 세우는 게 당연하다고 생각했겠지만

과거를 바라보는 시각이 바뀐다!

네 얘기를 들으니 '우리가 역사를 바꿀 수도 있겠구나' 하는 생각이 들었어.

엄마는 말이야.

지금까지 당연하다고 여겼던 것들이 다르게 보이고, 사람들의 의식은 변해갔다.

역사가 바뀌는 순간을 보고 싶어서 기자가 되었지만

엄마는 지금보다 더 열심히 이 시대의 단서들을 취재해서 모을 거야!

아빠도 물론….

너희와 같은 미래의 아이들이 역사를 바라보는 시각을 바꿀 수 있도록

후비적

난민 캠프

귀가 가렵지 않았으면 좋겠는데….

그렇지.

아빠는 생각만 하는 게 아니라 행동으로 실천하는 사람이잖아!

주요 참고 도서·자료

【서적】
- 山川出版社, 『新世界史B』(개정판) / 『詳説世界史B』(개정판) / 『山川 詳説世界史図録』(제2판) / 『世界史用語集』(개정판)
- SB크리에이티브, 『一度読んだら絶対に忘れない世界史の教科書』
- 集英社, 『文明の衝突』
- 新潮社, 『ノルウェー秘密工作』
- 石風社, 『伏流の思考 私のアフガン·ノート』
- 明石書店, 『ロヒンギャ問題とは何か 難民になれない難民』
- 朝日新聞社, 『ドキュメント湾岸戦争の二百十一日』
- 飛鳥新社, 『和解 中東和平の舞台裏』
- 아리아드네 기획, 『湾岸戦争とイラク戦争：軍事解説』 / 『図説イラク戦争とアメリカ占領軍』
- 岩波書店, 『ジハード主義 アルカイダからイスラーム国へ』 / 『中東から世界が見える イラク戦争から「アラブの春」へ』
- NHK出版, 『10年目の真実 9·11からアラブの春へ』
- 大月書店, 『輪切りで見える! パノラマ世界史⑤ 変わりつづける世界』
- KADOKAWA, 『感染症の世界史』
- 慶應義塾大学出版会, 『真実が揺らぐ時 ベルリンの壁崩壊から9.11まで』
- 講談社, 『9.11後の現代史』
- 合同出版, 『ようこそ、難民! 100万人の難民がやってきたドイツで起こったこと』

- 小学館, 『日本大百科全書』
- 新潮社, 『暗幕のゲルニカ』
- 数研出版, 『新世界史』
- 成美堂出版, 『図解現代史』 / 『図解世界史』
- 地歴社, 『ドキュメント戦後世界史』
- 帝国書院, 『明解世界史図説エスカリエ』
- 白水社, 『21世紀のイスラーム過激派 アルカイダからイスラーム国まで』
- 原書房, 『銃と戦闘の歴史図鑑 1914→現在』 / 『図説世界戦車大全』 / 『〈図説〉歴代アメリカ大統領百科』
- ぱる出版, 『ストーリーでわかるスターバックスの最強戦略』
- 平凡社, 『世界大百科事典』
- 丸善出版, 『人類と感染症の歴史 未知なる恐怖を超えて』
- ミネルヴァ書房, 『「アラブの春」以後のイスラーム主義運動』 / 『欧州統合史 二つの世界大戦からブレグジットまで』
- 洛北出版, 『ベルリンの壁 ドイツ分断の歴史』

【WEB】
朝日新聞記事データベース 聞蔵 Ⅱ、NHK高校講座 世界史、NHK東日本大震災アーカイブス、外務省、厚生労働省、首相官邸、NHK for School

이 책을 만든 사람들

- 감수: 하네다 마사시(HANEDA MASASHI)
  도쿄대학 명예 교수
- 플롯 집필·감수:
  - 제1장 데라다 유키(TERADA YUKI)
    도쿄대학 도쿄컬리지 특임연구원
    곤노 나오(KONNO NAO)
  - 제2장 데라다 유키(TERADA YUKI)
    도쿄대학 도쿄컬리지 특임연구원
    곤노 나오(KONNO NAO)
  - 제3장 데라다 유키(TERADA YUKI)
    도쿄대학 도쿄컬리지 특임연구원
    곤노 나오(KONNO NAO)
  - 제4장 데라다 유키(TERADA YUKI)
    도쿄대학 도쿄컬리지 특임연구원
    곤노 나오(KONNO NAO)

- 자켓·표지: 곤도 가쓰야(KONDOU KATSUYA)
  스튜디오 지브리
- 만화 작화: 기오 나토(KIO NATO)
- 내비게이션 캐릭터: 우에지 유호(UEJI YUHO)

차별적 표현에 대하여

『세계의 역사』 시리즈에는 현대를 살아가는 우리가 입에 담아서는 안 될 차별적인 표현을 사용한 부분이 있습니다. 역사적 배경이나 시대적 관점을 보다 정확하게 전달하기 위해, 불편함을 무릅쓰고 꼭 필요한 최소한의 용어만 사용했습니다. 본 편집부에게 차별을 조장하려는 의도가 없다는 점을 알아주시길 부탁드립니다.

– 원출판사의 말

세계의역사

현대 사회와 세계화

(1990년~2020년)

초판인쇄 2022년 12월 30일
초판발행 2022년 12월 30일

감수 하네다 마사시
옮긴이 일본콘텐츠전문번역팀
발행인 채종준

출판총괄 박능원
국제업무 채보라
책임번역 손봉길
책임편집 조지원
디자인 홍은표
마케팅 문선영 · 전예리
전자책 정담자리

브랜드 드루주니어
주소 경기도 파주시 회동길 230 (문발동)
문의 ksibook13@kstudy.com

발행처 한국학술정보(주)
출판신고 2003년 9월 25일 제406-2003-000012호
인쇄 북토리

ISBN 979-11-6801-796-2 04900
979-11-6801-777-1 04900 (set)